매일 10분
마음수업

지루한 관계와 답답한 일상에 찌든 현대인을 위한

매일 10분 마음수업

| 차희연 지음 |

베프북스
Best Friend Books

인터넷에 우연히 웹툰을 발견했다. 11층에서 한 여성이 떨어지면서 10층에서부터 1층까지 다른 사람들의 숨겨진 모습들을 보게 되는 작가미상의 웹툰이었다.

한 여자가 11층에서 뛰어 내렸다.
10층에는 금슬이 좋고 화목하다고 소문났던 부부가
치고받고 싸우는 게 보였고
9층에서는 항상 밝고 유쾌하고 즐거워하던 남자가
쓸쓸히 우는 게 보였고
8층에서는 남자들과 말도 섞지 않았던 여자가 바람피우는 게 보였고
7층에서는 건강하기로 소문났던 여자가 걱정 어린 얼굴로 약 먹는 게
보였고
6층에서는 돈 많다고 자랑했던 남자가 일자리 찾는 게 보였고

5층에서는 듬직해보였던 남자가 여자 속옷 입는 걸 보았고

4층에서는 닭살커플로 유명했던 연인이 헤어지자며 싸우는 걸 보았고

3층에서는 여자관계가 복잡하다던 할아버지가 혼자 풀이 죽어있는걸 보았고

2층에서는 이혼하고 남편을 욕했던 여자가 남편을 그리워하는걸 보았다.

11층에서 뛰어내리기 전 나는 내가 세상에서 제일 불행한 사람이라고 생각했는데 지금 보니 사람마다 말 못할 사정과 어려움은 누구나 다 있었다.

다른 사람들을 보면 힘든 일이나 걱정이 없어 보이고 내 삶은 걱정할 일과 힘든 일투성이라는 생각이 들 때가 있죠. 내 삶이 힘든 것에 반해 다른 사람들은 행복하기만 하고 승승장구한 것 같아 보이죠.

인생은 멀리서보면 희극이고 가까이서보면 비극이다.

찰리 채플린의 말입니다. 행복하게 보이는 사람에게도 남들보다 더 큰 숨겨져 있는 아픔이 있고, 성공한 것처럼 보이는 사람에게도 수많은 실패들이 있죠. 그들이 말하지 않는 아픔과 실패들이 모여서 또는 그 중 아주 작은 것 하나가 성공의 자양분이 되지요.

죽을 만큼 힘든 시기라고 생각하고 버텼는데 더 죽을 만큼 힘든 시기가 수없이 우리의 인생에 다시 닥친다는 사실을 저도 경험했습니다. 사회생활을 그리 오래 했는데도 불구하고 인간관계가 참 어렵다는 걸 매번 느낍니다. 인생의 바닥이라고 느꼈는데 더 바닥을 경험하고 가장 가까운 사람에게서 가장 아프게 뒤통수를 맞기도 했습니다. 그 오만가지 힘든 일을 겪으면서 내 인생에 힘든 일이 끝날 것 같지 않아보였지만, 돌아보니 조금씩 성장하고 있었더군요.

힘들거나 좌절을 겪었을 때 혹은 아주 사소한 일상과 세상을 바라보면서 느낀 것들을 짧은 글로 일기처럼 남겼었습니다. 단순히 개인의 지극히 감성적인 글이 아니라 경험들 속에서 깨닫게 된 글이나 이론과 지식으로 알고 있는 것을 이해하기 쉽게 쓴 글도 있습니다. 짧게 글을 쓰는 과정에서 생각을 정리하고 흔들리는 마음을 다잡으며 그 속에 깨달음을 찾으려 노력했지요.

이 짧은 글을 사람들에게 공유하면서 한 가지를 더 알게 되었습니다.

'나만 겪은 것 같은 힘든 일들은 나만 겪은 것이 아니었구나.'

여기 실린 글들은 내가 겪은 일과 주변 사람들이 겪은 일들 그리고 살면서 누구나 겪을 수 있는 일들을 담고 있습니다. 여기에 등장하는 사연들은 저와 제 주변 그리고 사람들이 직접 겪은 이야기들을 토대로 어느 정도 각색이 되어 있습니다. 그 속에서 숨어있는 삶과 동떨어져 보이는 심리학 이론들을 통해서 우리가 겪고 있는 것들에 대한 심리를 이론과 함께 설명했습니다. 심리학은 일상에서 일어나는 일들에 대한 인간 마음과 인간관계, 사회현상에 대해 학문으로 연구를 한 분야지요. 심리학을 통해서 자신이 경험한 일들을 이해하게 되면 그 문제를 해결할 수 있는 방법이 있다는 것도 알게 됩니다.

1장은 우리가 경험하는 감정에 대한 내용들을 담았습니다. 2장은 삶에서 겪는 다양한 일들에 대해서 이야기를 하고 3장에서는 인간관계에 대해서 다룹니다. 우리가 겪는 이야기, 누구나 겪는 이야기들을 통해서 치유와 성장을 말하고 있습니다.

감사하게도 나에게 닥친 불행 나에게 닥친 슬픔 그리고 나에게 닥친 이 모든 일들이 나를 성장하게 만든 계기였음을.

세상에 나를 고통스럽게 하는 것들이 많은 것처럼 나를 행복하게 하는 것 역시 많다는 걸 경험하시길 바라면서 우리의 이야기를 시작하려고 합니다.

목차

내 마음 하나
다스리지 못하는데
무슨 큰일을 하겠다고

마음은 흘러가는 대로 놔두면
부정적으로 흐르게 되어 있다.

마음을 관리한다는 것은
나의 불안과 의심에 답을 성실히 해나가면서
희망의 불씨를 키우는 것.

초라한 변명보다
아주 작은 시도가
그대를 더욱 밝고 빛나게 한다.

혼자일 때 외로운 사람은
함께일 때도 외롭다.
혼자일 때 행복한 사람은
함께일 때도 행복한 시간을 보낸다.

외로움, 고독(孤獨)

외로움이란 한 개인이 사회적 관계로부터 신체적 또는 심리적 고립으로 인해 경험하게 되는 유쾌하지 못한 감정으로, 평상시에 외로움을 많이 느끼지 않는 사람들은 사람들과 더 친밀하고 더 다양한 인간관계를 맺지만, 외로움을 많이 느끼는 사람은 많은 사람들과 관계를 맺고 있더라도 관계에 만족하지 못한다[1].

결혼하신 분들이 모여서 이런 저런 대화를 하다가 한 명이 이런 말을 꺼냅니다.

"난 남편이 있어도 외롭더라."

"저도 그런 것 같아요. 남편이 있으니까 더 외로운 것 같아요."

"남편이라는 존재가 참 신기해요. 없으면 궁금하고, 있으면 귀찮아요."

남편이 있기 때문에 더 외롭다는 이야기를 하는 겁니다. 함께 식사를 하고, 함께 TV를 보고 심지어 주말이면 함께 나들이를 가는데도 외로움을 느낀다고 합니다. 매일 가족들과 함께 있어도 느끼는 외로움은, 오히려 혼자 있는 외로움보다 더 서글프지요. 미국의 조사에 따르면 결혼한 사람 중 62.5%가 외로움을 느낀다고 합니다. 혼자 사는 사람이 외롭다고 느낀다고 응답한 비율은 26.7%밖에 되지 않았고요. 결혼을 하고 배우자와 매일 함께 시간을 보내는 사람은 외로움을 느끼지 않을 것 같지만, 실제로는 더 외로움을 느낀다는 점이 의아합니다. 혼자 산다고 외로운 것도 아니고 결혼을 했다고 외로움에서 벗어난 것도 아닙니다. 어쩌면 우리는 외로움에 대해서 제대로 알지 못하고 있을 지도 모릅니다.

'인생을 함께할 배우자가 생기면 외롭지 않을 거야.'
'친구가 많은 사람은 외롭지 않을 거야.'
'혼자 있는 사람은 외로울 거야.'
'외로운 것은 나쁜 거야.'

사실, 우리가 외로움을 무언가 잘못된 것처럼 생각하고 있기 때문에 더 두려워하고 있는지도 모릅니다. '외로움을 느끼면 안 되는 것'이라고 생각하지요. 이것은 외로움의 함정입니다. 인간은 본래 태어날 때부터 혼자였고 자신의 인생도 혼자 살아가야 하니까요. 배우자가 있든 없든, 자신의 인생은 자기 혼자 살아나가게 됩니다. 배우자가 있다고 해서 둘이 함께 한 명의 인생을 사는 것이 아니지요. 우리는 각자 다른 삶의 궤도를 움직이고 있습니다. 결혼해서 같은 집에서 살 뿐, 남편(혹은 아내)은 직장에 나가서 다른 인간관계를 맺고 살아가는 하나의 독립된 인격체입니다. 자녀 역시 학교에서 생활하면서 스스로 자신만의 인간관계를 맺고 살아가는 독립된 인격체지요. 우리는 상대방의 모든 인간관계를 공유할 수도 없고 공유해서도 안 됩니다.

인간은 사회적 존재이기 때문에 누구나 외로움을 느낍니다.[2] 외로움을 느끼는 상황이나 환경에 정해진 것은 없습니다. 바쁘기 때문에 외로울 수도 있고, 바쁘지 않기 때문에 외로움을 느끼기도 하지요. 결혼과는 관계가 없고, 주변에 사람이 많고 적음과도 관계가 없습니다. '풍요 속의 빈곤'이라는 노래에서도, 늘상 화자에게 호감을 보이는 수많은 남자들이 있음에도 생일에 혼자 시간을 보내는 장면이 묘사됩니다. 주변에 수없이 많은 사람들이 있어도 생일을 혼자 보내는 걸 외롭게 느끼는 사람이 있는가 하면, 혼자 있기 때문에 더 행복하다고 말하는 사람도 있기 때문이지요.[3]

15년 지기 친구와 오랜만에 만나서 서로 공감하면서 대화를 한 적이 있습니다.

"나는 혼자 있는 시간이 정말 평화롭고 온전히 나만의 시간인 것 같아서 너무 좋아. 결혼을 하고 나서 너무 남편과 시간을 보내야하니까 그게 더 힘들어."

친구는 혼자 있는 시간이라고 외로움을 느끼는 것이 아니라 오히려 자유롭다고 느끼고 있었습니다. 남편과의 관계에서도 서로의 개인적인 시간을 존중하면서 침해하지 않으려고 합니다. 서로 각자의 삶을 이해하고 존중하기 때문에, 상대방의 모든 것을 알려고 노력하지도 않고요. 외로움을 느끼는 것이 꼭 혼자라는 의미가 아닙니다. 심리적으로 건강한 사람들은 굳이 다른 사람들과 만나지 않고 저만의 고독한 시간을 만들지요. 그리고 그 고독한 시간을 행복한 시간이라고 생각합니다. 이미 충분히 진실 되고 깊은 관계를 맺고 있기 때문에, 가볍고 지나가는 관계들에 연연해하지도 않고요.

존 볼비(John Bowlby, 1907~1990)의 애착이론에서 발달한 성인의 애착에 관한 심리연구에 따르면, 4가지의 애착 형태가 발견되었습니다.[4] 안정애착, 불안정-몰입애착, 거부-회피 애착, 두려움-회피 애착의 4가지이지요. 아기들에게 발견되는 애착형태와 대응이 되는 성인의 애착형태였습니다.

안정적으로 애착 관계가 형성이 된 사람들은 서로 친밀함을 느끼면서도, 각자의 독립된 삶을 인정하고 그 사이의 욕구를 잘 조절하면서 편안하게 지냅니다. 안정적인 관계의 사람들은 상대방의 모든 시간을 알아야한다고 생각하지 않지요.

"오늘은 몇 시에 들어와?"

"오늘은 약속이 있어서 조금 늦을 것 같아."

"그래? 그럼 오늘은 내 자유시간이네. 재미있게 놀다가 알아서 들어와."

불안정-몰입 관계의 경우는 서로에게 너무 과도한 친밀함을 요구하면서 의존적이 되는 경향이 있습니다. 서로에 대한 믿음이 적기 때문에 너무 과하게 걱정을 하거나 오버해서 사랑을 표현하기도 하지요.

"여보 사랑해. 오늘 일찍 들어와요."

"미안. 오늘은 회사 회식이야."

"그럼, 회식 가서 영상통화해요."

"회식이라 영상통화는 하기 힘들긴 한데 노력해볼게."

"왜 전화 안 했어?"

"회식이라 전화하기 조금 그렇잖아."

"지금이라도 영상통화 해줘."

자리를 이동할 때마다 영상통화를 하라고 요구하는 아내 때문에 힘들다고 토로하는 한 남성의 이야기입니다. 회식도 일인데 어떻게 매번 매순간 아내한테 영상통화로 보고해야 하냐는 것이지요. 하지 않으면 회식을 못 가게 하니까 울며 겨자 먹기로 영상통화를 한다는 것입니다.

거부-회피 관계는 서로 높은 독립심을 가지고 있는 것처럼 보입니다. 혼자로도 충분하다고 생각을 하면서 친밀한 애착 감정에 불편해하고 가까운 관계를 필요로 하지 않지요. 상대방에 대해서 불편하게 생각하기 때문에 거리를 두려고 합니다.

"우리는 파트너야. 너무 간섭하지 말고 서로의 프라이버시는 존중하면 좋겠어."

어떤 커플은 결혼을 하면서 방도 각자 쓰기로 하고, 다른 사람을 만나도 된다고 했답니다. 결혼을 했지만 서로 다른 사랑을 해도 된다고 말이에요.

두려움-회피 관계는 친밀해지고 싶으면서도 그 친밀한 감정을 피하고 싶어 하는 복잡한 감정을 갖고 있습니다.

"제가 4년간 짝사랑하던 남자에게서 고백을 받았어요. 그런데 고백을 받자마자 정이 뚝 떨어지더라구요. 그래서 고백을 거절했어요."[5678]

외로움을 자주 느끼는 사람들은 외로움의 원인을 아내나 남편과 같이 주변사람들 때문이라고 생각합니다. '결혼했으면 상대방이 자신을 외롭지 않게 해줘야 한다'고 생각하고요. 하지만 주변을 탓하는 사람일수록 외로움의 원인은 바로 '자신'입니다. 제 감정을 오로지 외로움의 채널에만 맞추고 있기 때문입니다. 감정도 습관이기 때문에, 자신이 자주 느끼는 감정은 스스로 그 감정에 채널을 맞추고 있는 것이지요. 심지어 '지금은 외로움을 좀 느껴야할 타이밍이다!'라고 생각하면서 외로운 감정을 즐기는 사람도 있습니다. 외로울 때 '춥다'고 느끼는 이유는, '외롭다'는 인식이 체온을 떨어뜨리고 주변의 온도를 더 차갑게 인식하게 만들기 때문입니다.

20년 넘게 외로움을 연구하고 있는 시카고 대학교 신경과학자 존 카시오포(John Cacioppo)는 인간은 외로움을 느끼도록 진화했다고 믿습니다.[9] 생존을 위해서는 다른 사람과 협동하면서 함께 살아가야 하는데, 외로움을 느껴야 새로운 친구를 찾거나 협동을 할 수 있는 원동력이 되는 것이니까요. 외로움의 진짜 문제는 습관적이고 만성적인 외로움입니다. 습관적이고 만성적인 외로움을 1년 이상 지속하면 우울증에 걸릴 확률이 높아집니다. 외로움을 습관적으로 느끼는 것은 흡연만큼 건강에 해롭습니다. 연구 결과들을 종합해보면, 만성적으로 외로움을 느끼게 되면 심혈관 질환 발병률이 높고 조기에 사망할 위험이 외롭지 않은 사람보다 14%나 높아집니다. 면역기능도 떨어지고 스트레스 호르몬도 과도하게 분비가 되지요. '나만 혼자야. 나만 소외된 것 같아.'라고 느끼게 되면 암 환자가 통증을 느낄 때 활성화가 되는 '배측전대상피질(daCC)'이라는 영역이 활성화됩니다. 생물학적으로 실제로 느낄 수 있는 통증이 생긴다는 것이지요.[10]

공감능력 연구에 따르면 외로움을 느끼건 느끼지 않건 신체적인 공감 능력은 비슷했다고 합니다. 말벌에 쏘이거나 뜨거운 것에 데일 때 느끼는 신체적인 공감능력은 비슷했지만 사회적 공감능력은 차이가 났지요. 외로움을 자주 느끼는 사람들은 왕따를 당하거나 파티에 초대받지 못했을 때 느끼는 사회적 고통에 대한 공감능력이 매우 높았습니다. 인간은 누구나 외로움을 느끼지만, 그것은 모두 동일한 느낌의 외로움이 아닙니다. 심리학자들이 모든 연령대에서 경험하는 외로움을 분석해보니 7가지의 다른 유형이 있었다고 합니다. 외로움을 느끼는 것에 대한 두려움의 근원을 이해하기 위해서는 자신이 느끼는 외로움의 종류를 아는 것이 필요하지요. 문제를 인식하는 것만으로 문제를 해결할 수는 없지만, 적어도 어떤 종류의 외로움인지를 이해하면 해결할 수 있는 방법을 찾아낼 수 있기 때문입니다.

첫 번째는 새로운 상황 외로움(New-situation loneliness)입니다. 새로운 곳에 이사를 가거나 이직을 하거나 전학을 가게 되었을 때 아는 사람이 하나도 없고 도움을 받지 못하게 될 때 느끼는 외로움입니다. 이럴 때는 그 지역 커뮤니티에 가입을 하고 어색하더라도 모임에 몇 번 참석을 하다보면 해결이 가능합니다.

두 번째는, 군중 속의 고독(I'm-different loneliness)입니다. 주변에 사람들은 많이 있지만 그 사람들과 다른 성향을 갖고 있다고 느끼거나 그들과 잘 어울리지 못하는 것처럼 느낄 때 생기는 외로움이지요. 그저 주변에 사람들이 많으면 외로움을 느끼지 않는 것이 아닙니다. 함께 같은 주제와 관심사에 대한 대화를 나눌 수 있어야 하는데, 사람들의 관심사와 대화주제에 끼어들 수 없다고 느낄 때가 있습니다. 이럴 땐, 공통의 관심사를 가진 모임에 나가는 것을 추천합니다.

세 번째는 파트너 없음의 외로움(No partner loneliness)입니다. 친구나 가족과 같은 특별하고 친밀한 관계가 충분히 있음에도 불구하고 낭만적인 연인간의 관계가 주는 만족감이나 느낌을 갈망할 때 느끼는 외로움이지요. 모바일 어플리케이션 중에 소개팅 어플리케이션들이 많습니다. 모임에 참가할 수 있는 어플리케이션도 있습니다. 어플리케이션을 통해서 사람을 꼭 만나라는 의미가 아닙니다. 그저 그 어플리케이션 속에서 대화만 하더라도 어느 정도는 해소할 수 있는 외로움이지요.

네 번째는 애완동물이 없을 때 느끼는 외로움(No animal loneliness) 입니다. 강아지나 고양이와 같이 자신만을 온전히 사랑하고 기다리고 자신이 돌봐줘야 하는 애완동물이 없으면 완전함을 느끼지 못하는 사람들이 있습니다. 자신의 직업이나 상황 등 때문에 애완동물을 키울 수 없다면, SNS에서 애완동물 사진이나 영상을 보는 것도 한 방법입니다. 집 주변의 애견 카페에 가서 커피 한 잔 마시면서 강아지들과 시간을 보내고 오는 것도 추천합니다.

다섯 번째는 자신만의 시간이 없을 때 느끼는 외로움(No-time-for-me loneliness)입니다. 친구나 가족과 시간을 보내느라 너무 바빠서 온전히 자신만의 시간을 보낼 수 없을 때 생기는 외로움이지요. 이럴 때는 하루에 한두 시간이라도 혼자 커피를 마시거나 바람을 쐬는 시간을 만들 필요가 있습니다.

여섯 번째는 신뢰하는 친구가 없을 때 느끼는 외로움 (Untrustworthy-friends loneliness)입니다. 친구가 아무리 많아도 신뢰를 할 수 있는 친구가 없다면, 여전히 혼자라는 느낌을 받게 됩니다. 온전히 신뢰할 수 있는 친구를 만드는 것은 당장 할 수 있는 일은 아닙니다. 오랜 시간이 쌓여야 가능한 일이지요. 지금 친하게 지내는 친구들도 중요하지만, 오랜 친구들 중에서 신뢰할 수 있는 친구를 찾아봅시다. 그 친구와 오랜만에 연락을 하는 것만으로도 해소할 수 있을 테니까요.

일곱 번째가 조용한 존재 외로움(Quiet-presence loneliness)입니다. 부부가 같은 공간에 있더라도 대화 없이 남편은 TV를 보고 아내는 스마트폰을 보기만 할 때 느끼는 외로움이지요. 이럴 땐 대화를 통해서 새로운 규칙을 만들 수도 있습니다. 8시 이후에는 스마트폰을 보지 않고 대화를 한다거나, 저녁식사 때 만큼은 TV를 끄고 대화를 하는 시간으로 만드는 것이지요. 실제로도 이런 방법이 효과가 있고요.

혼자만의 시간을 성장의 시간으로 만드는 것만큼 좋은 활용이 더 있을까요? 공자, 부처, 나폴레옹 등 인류 역사에서 큰 업적을 남긴 사람들이나 예술을 통해서 큰 획을 그은 사람들은 혼자만의 시간을 통해서 성장했습니다. 혼자 있는 시간만큼 자신을 이해할 수 있는 시간이 또 있을까요? 자기 자신을 위해서 다른 사람들이 시간을 쏟아주는 것은 감사한 일입니다. 하지만 그 어떤 사람들도 온전히 시간을 쏟아줄 수 없습니다. 그 시간에 자기 자신을 행복하게 만들어줄 수 있는 사람은 오로지 나뿐이지요. 혼자만의 시간은 자기를 성장시킬 수 있는, 자기 개발의 시간입니다. 책을 읽거나 취미생활을 할 수도 있고, 운동을 하거나 봉사활동을 할 수도 있으니까요. 중요한 것은 외로움을 느낀다고 우리가 인생에서 실패한 것이 아니라는 점입니다. 인간은 누구나 외로움을 느끼고 고독함을 느낍니다. 오로지 자신만을 위한 시간에 외로움을 느낄 것인지, 기회의 시간으로 활용할 것인가를 선택하는 것은 자신의 몫입니다.

**두려움이 절박함을 만들고
절박할 때 인간은 무엇이든 시도하게 된다.**

불안(Anxiety)

특정한 위험을 알아차릴 수는 없지만 뭔가 나쁜 일이 일어날 것 같은 느낌으로 사람들이 행동으로 옮길 수 있도록 하는 동기화시키는 상태를 말한다. 모호한 상황이나 급박한 위험에 직면했을 때 무력감을 느끼고 걱정하면서 자기 자신에게 몰두하고 몰입하는 현상을 수반한다.[11]

얼마 전 만난 지인이 함께 살고 있는 조카에 대해 걱정을 시작했습니다.

"조카가 우리 집에서 경찰공무원 공부하고 있는 건 알지? 벌써 1년이 지났는데 요즘 취준생이 직업이 된 것 같다. 충격요법을 써야 하나 하는 생각까지 들어. 그냥 내가 자격증을 따서 보여줄까 봐. 그럼 열심히 하지 않겠어?"

삼촌은 조카가 취업 준비를 직업으로 삼았을까 걱정하고 있었습니다. 1년 전 조카가 경찰 공무원을 준비하기 위해서 학원과 조금이라도 가까운 삼촌집에서 공부하겠다고 할 때만 해도 걱정하지 않았다고 합니다. 군 장교 출신인 조카가 '알아서 공부 하겠지.'하는 생각이 들었다고요. 조카가 집으로 들어오고 나서부터 조금씩 걱정이 시작되었습니다. 나름대로 열심히 하는 것 같아 보이긴 했지만, 합격한 사람들처럼 '최선'을 다하지 않는 것 같아 보였다고 합니다. 군에서의 경력 덕분에 벌써 30점이나 유리한데도 '아직' 합격하지 못했다는 것은 문제인 것 같다는 겁니다. 벌써 4번이나 떨어졌고, 긴장하고 바짝 공부를 하면 합격할 수 있을 것 같은데 그런 모습이 보이지 않는다고요.

'만약 집에서 학원을 다녔으면 부모님 눈치 보느라 더 열심히 하지 않았을까.'

'혹시나 내가 너무 편하게 해 준 것은 아닐까.'

'조금 불편하더라도 집에서 다니는 것이 합격하는 데에 더 나은 것은 아닐까.'

조금이라도 편한 곳에서 공부하라는 의미에서 방을 내어주고 잔소리 한번 하기 어려웠는데, 오히려 그 점 때문에 마음이 편해져서 합격보다는 취업준비생인 지금의 상황에 안주(安住)하고 있는 것은 아닐까 하는 생각이 들었다는 것입니다.

"군 장교 출신이라 훨씬 유리한데도 계속 떨어지는 것 보면 절박하지 않은 것 같아."

한 여성의 고민이 온라인에 올라 왔습니다. 제목은 '내 남편은 취업준비생'. 이 여성이 남편을 처음 만났을 때는 직장에 다녔었답니다. 어렸을 때부터 공부를 꽤 잘했던 남자는 시험만 쳤다 하면 합격이었습니다. 그런데 여자와 결혼한 뒤, 다니던 회사를 그만두고 다시 다른 곳에 취업을 하기 위해서 준비를 하고 있다는 것입니다.

그리고 여자는, 결혼해서 몇 년간 취업공부만 하고 있는 남편 뒷바라지만 해왔지요. 남편뿐만이 아니라 남편의 형도 비슷하다고 했습니다. 두 형제의 직업은 취업준비생이었던 것이지요.

왜 이 사람들의 직업은 취업준비생이 된 것일까요? 사실 다른 사람이 그들을 평가할 수는 없지요. 그들의 마음이 어떤지 다른 사람들이 상상할 수 있을까요? 자신의 인생이니 어쨌건 그 누구보다 최선을 다하고 있지 않을까요? 물론, 사람 속사정은 아무도 모르는 것이지만요. 열 길 물속은 알아도 한 길 사람 속은 모른다는 말이 괜히 있는 말이 아니겠지요.

프로이트는 인간에게 있어서 가장 본능적이고 기본적인 감정이 '불안'이라고 했습니다.[12]

'혹시라도 자신이 선택한 것이 잘못된 것은 아닐까?'

'자신이 제대로 하는 것일까?'

'열심히 노력했는데도 잘못되면 어떻게 하나?'

아마 자신이 지금 하는 생각들이 '불안감'에서부터 시작했다는 사실도 인지하지 못하고 있을지도 모릅니다. 불안은 뇌의 옆머리 안쪽에 있는 측두엽 안쪽에 있는 아몬드 크기만 한 편도핵 (amydgala)에서 만들어냅니다. 우리에게 다가오는 상황을 몸이 준비할 수 있게 하는 역할을 하지요. 아드레날린이 증가하면서 주변의 작은 변화에도 예민하게 반응하고 적응할 수 있도록 준비를 해줍니다. 시험을 앞두고 불안감을 많이 느끼는 사람일수록 더 좋은 성적을 받을 가능성이 높고요.[13] 사람들은 불안하면 자신도 모르는 사이에 다양한 방식으로 그 불안감을 표현합니다. 어쩔 때는 막연한 희망에 열정적으로 공부하는 모습을 보일 때도 있을 것입니다. 또 어쩔 때는 의심치 않았는데 시험에서 떨어지고 나서 좌절하고 자신에 대한 실망감에 혼자 조용히 동굴로 파고들지도 모르고요. 그러나 확실한 것은, 조금씩 성장하고 있다는 것입니다.

저도 한때는 취업을 준비하고 있었던 때가 있었습니다. 제가 대학을 졸업하고 취업을 준비할 때는 IMF가 대한민국을 휩쓸고 지나간 다음이었습니다. 취업하기가 하늘에 별 따기라고 할 정도로 채용을 하는 회사가 거의 없었지요. 대기업 중소기업 할 것 없이 경쟁률이 어마어마했습니다. 이력서를 수없이 넣어봐도 면접을 보러 오라는 곳은 없었습니다. 사실, 거의 포기하고 있을 때쯤 몇 군데에서 면접을 보자고 연락이 왔고 운 좋게 합격했습니다. 그렇게 힘들게 합격한 회사는 입사하고 1년 만에 정리해고를 단행했고, 저는 다시 취업준비생이 되었지요.

앞으로 절대 정리해고 당하지 말아야지, 하는 다짐이 무색하게 그 후로 저는 단 하루도 불안하지 않은 적은 없었습니다. 취업을 준비할 때는 취업을 하지 못할까봐 불안했었고요. 취업을 하고 나서는 이 선택이 맞는 선택인가에 대해서 매일 불안했습니다. 독립을 하고 나서도 매일매일 살얼음판을 걷는 것처럼 불안했지요. 일이 없을 때는 없는 대로 불안했고, 바쁘면 바쁜 대로 불안했습니다. 그래서 무엇을 어떻게 대비해야 하는지도 모르고 여기저기 기웃거리면서 오만가지를 공부했습니다.

미래가 두렵고 불안해질 때 도망가는가 더 절실히 노력하는가는 아주 작은 것들이 결정합니다. 돌이켜보면 내가 할 수 있는 일이 그것밖에 없을 때 절박하게 노력했던 것 같네요. 주변에서는 할 수 있다는 희망을 주되, 지금의 상태가 불편해야 절박해집니다. 어쩌면 가장 일이 없고 수입이 없을 때 더 절박하게 온전히 매달렸었던 것 같기도 합니다. 어떤 날은 정열적으로 닥치는 대로 공부를 하기도 했고, 어떤 날은 열심히 해도 나아지지 않는 나 자신의 모습을 보면서 좌절하고 무기력하게 시간을 보내기도 했었습니다. 그렇게 하루 이틀 한 달 일 년 십년이 지나서 돌아보니, 그 길고 어두운 터널 속에서 좌절하고 노력하고 공부했던 것들이 지금의 피가 되고 살이 되어 있었습니다.

키에르케고르는 이렇게 말했습니다.
"인간이라면 불안을 갖게 된다. 그가 가지는 불안이 깊으면 깊을수록 그만큼 그 인간은 위대한 것이다."

　만약 우리가 미래에 대한 불안감과 두려움이 없었다면 절박하게 무언가를 시도할 수 있었을까요? 아마도 마음 편하게 아무런 시도도 하지 않았을지도 모릅니다. 어쩌면 그 당시 우리의 모습들도 남들이 볼 때 그리 절박해보이지 않았을지도 모릅니다. 그럼에도 불구하고 그 긴 시간들을 묵묵히 기다려준 가족들이 있었기 때문에 한 뼘씩 자라고 있었던 것은 아닐까요?

괜찮아.

슬프면 울어도 돼.

정서심리학(情緒心理學, psychology of emotion)

; 슬픔의 기능은 없다.
다만 눈물을 흘리지 않으면 신체가 아프게 된다[14].

저는 힘들 때 웁니다.

미친 듯이 열심히 노력했는데, 누군가의 말도 안 되는 딴지로 모든 것이 수포로 돌아가 버렸을 때, 아등바등 무언가를 지키기 위해 살았는데 결국 지키지 못했을 때, 신뢰하던 이로부터 배신을 당했을 때… 저는 슬플 때 웁니다. 사랑하는 이와의 이별에 하루 반나절씩 일 년을 울었고 신뢰하던 이의 배신에 6개월간 우울증을 앓았습니다.

지금은 힘든 시기였던 때 살았던 집만 떠올려도 눈물이 납니다. 아마 그 집에서 아침, 점심, 저녁 매일 울어서일 겁니다. 그래서 요즘은 집은 행복한 기억만 만들어야겠다는 생각에 조용한 절에 가기 시작했습니다. 아무도 간섭하지 않는 공간이기 때문입니다.

우리는 항상 행복감을 느끼고 즐거워야 한다고 요구받으며 삽니다. 하지만 슬픔도 느끼고 살아야 합니다. 감정을 다루는 법을 모르면, 감정을 빨리 치워버리고 모른척하기에 바쁩니다. 생각할수록 괴롭기 때문이죠. 다룰 줄도 모르겠고, 해결도 못하겠고.

저는 강의에서 감정을 크게 네 가지로 분류합니다. 생리적 측정법으로 네 가지 분류가 되기 때문입니다. 기쁨, 슬픔, 분노, 두려움. 각 감정은 다루는 방법이 각기 다릅니다.

그 중에서 슬픔은 주로 무언가, 누군가를 상실했을 때 생깁니다. 헤어짐, 죽음, 상실. 슬픔은 울어야 합니다. 얼마나 울어야 하는지는 모르지만, 슬프면 울어야 합니다.

눈물은 인간의 원초적 감정 표현으로, 단순한 의사표시가 아닙니다. 미국 생화학자 윌리엄 프레이 박사의 연구에 의하면 양파를 깔 때처럼 감정 없이 흘리는 눈물과 기쁘거나 슬플 때 흘리는 눈물의 성분을 분석한 결과, 두 눈물의 성분이 다르다는 사실을 밝혀졌습니다. 감정이 없는 눈물과 달리 감정이 섞인 눈물에는 카테콜라민이 다량 합류되어 있는데, 이 성분은 인간이 스트레스를 받을 때 몸속에서 대량 생성되는 호르몬으로, 소화기 질환은 물론 혈중 콜레스테롤 수치를 높이고 관상동맥 협착 등을 야기해 심근경색, 동맥경화의 원인이 되는 물질입니다. 이 스트레스 호르몬을 외부로 유출시켜주는 것이 바로 눈물이라는 것이지요.

실제로 일본에서 류마티즘학과를 창설한 류마티즘 권위자 요시노 신이치 교수는 '울음'을 치료에 적용하고 있다고 합니다. 그는 실험과 임상을 통해 류마티즘의 원인인 인터로킹6가 '울음'을 통해 믿을 수 없을 정도로 감소한다는 것을 확인했다고 하지요. 슬픈 감정을 느낄 때는 울어야 몸이 아프지 않다는 겁니다.

물론 우는 것도 힘이 듭니다. 체력적으로도, 마음과 정신도 힘듭니다. 하지만 힘든 마음을 이기기 위해서 울다보면 힘든 시간이 단축됩니다. 1년 힘들 것이 6개월로 단축되죠. 혹시 슬픈 감정 때문에 어려움을 겪고 있다면, 피하지 말고 직면해보세요. 울어도 괜찮아요. 그걸 이겨낼 힘은 당신에게 있다는 걸 꼭 기억하세요.

마음은 흘러가는 대로 놔두면
부정적으로 흐르게 되어 있다.

마음을 관리한다는 것은
나의 불안과 의심에 답을 성실히 해나가면서
희망의 불씨를 키우는 것.

미처 꽃이 다 시들기도 전에 변하는 것이
인간 마음 아니겠는가.

우울

우울이란 감각에 대한 무능력이며, 우리의 육체가 살아있음에도 불구하고 죽어있는
느낌을 가지는 것이다. - 에리히 프롬, 《건강한 사회》

우울증을 앓는 사람과 일반인의 차이가 무엇인지 아시나요?

바로 '희망'의 유무입니다. 물론 우울증의 원인은 여러 가지이고, 감기처럼 누구나 걸릴 수 있는 마음의 병이지만 저에게 그 다양한 원인 중 하나를 고르라면 이렇게 말하고 싶습니다.

사실 모든 인간은 살짝씩 미쳐있습니다. 말도 안 되는 일에 혼자만 희망을 걸기도, 터무니없이 사기를 당하기도 하고, 떠난 사람이 돌아올지도 모른다는 희망에 기뻐하고, 아주 먼 꿈이지만 자신만은 달성할 수 있을 것이라고 착각합니다. 반면 우울증이 있는 사람은 세상을 매우 객관적으로 바라봅니다. 자신에게 현재는 꿈을 달성할 수 있는 능력이 없다는 사실을 알고 있고, 떠난 사람이 돌아오지 않을 거란 사실을 알고 있고, 자신의 상황이 극적으로 바뀌지 않을 거라고 잘 알고 있지요.

우리는 희망고문이라는 말을 쓰지만 세상엔 희망고문은 없습

니다. 희망을 가지면 도전하게 되어있고 좌절을 극복하게 되거든
요. 사실 성공한 사람들의 이야기를 들어보면 자신의 아이디어와
노력이 언젠가는 결실을 맺을 거라는 희망으로 숱한 좌절들을
이겨낸 경우가 대부분입니다.

저는 '선지랄 후수습'을 좋아합니다. 저질러서 수습하다보면
뭐라도 마무리가 됩니다. '농부는 아무리 흉년이어도 내년에 뿌
릴 씨앗은 먹지 않는다.'는 말이 있지요. 해마다 씨앗을 뿌리다보
면 자라는 싹이 있고 결실을 맺지 못하는 씨앗도 있습니다. 씨앗
이 자라지 않을까봐 씨앗을 뿌리지 않으면 작은 희망조차 없습
니다.

일, 가정, 관계, 건강, 미래… 씨앗은 당신이 갖고 있습니다. 그리
고 언제, 어디서든 당신은 '희망'이라는 씨앗을 뿌릴 수 있습니다.

생각을 자각해야 감정도 자각할 수 있습니다.
감정을 자각해야 생각도 자각할 수 있습니다.
감정조절은 여기에서 시작됩니다.

내부대화(internal dialogue, 內部對話)

자신이 스스로에게 말하는 일종의 자기독백.

우리 사회는 왜 분노를 조절하지 못하는 사회가 되었을까요?

일단 분노가 생기는 원인을 외적인 원인과 내적인 원인으로 구분해봅시다.

미국에서 한 남성이 눈앞에서 사고가 난 차량을 가장 먼저 발견을 했는데도 불구하고 구조를 하지 않고 차량이 불에 타고 있는 상황을 동영상으로 촬영을 해서 SNS에 올린 사건이 있었습니다. 집과 충돌한 차량이 반파된 채 불타고 있는 차량 안에는 17살의 청소년 두 명이 크게 다쳐서 쓰러져 있었지요. 사고를 목격한 다른 주민과 소방대원들이 차량에 난 불을 끄고 다친 학생들을 병원으로 옮기기까지 그 남성은 동영상 촬영을 하고, 페이스북에 영상을 올렸습니다. 병원으로 실려 간 두 명 가운데 한 명은 결국 숨지고 말았지요.

이 이야기를 읽고 어떤 감정을 느끼셨나요?

우리는 무엇을 인식하는 순간 그것에 대해서 좋다거나 나쁘다는 감정을 갖게 됩니다. 사람은 선택을 해야 하는 문제에 직면하면 자신이 그 문제를 느끼기에 유쾌한지 불쾌한지에 따라서 판단하죠. 심리학자 제이존크(R. B. Zajonc)는 인간이 자각하는 것은 반드시 감정을 동반하게 되어있다고 주장합니다. 인간의 뇌 구조와 인지체계에 대한 연구만 살펴봐도 자각하는 것은 감정을 동반하게 된다는 사실을 알 수 있지요. 특히 분노에 관한 연구에 따르면 '윤리적인 문제'가 분노를 유발한다고 보고하고 있습니다.

윤리는 단순히 도덕적인 문제나 규칙을 따르는 것으로만 해석할 수 있는 것은 아니죠. 인간 사회에 윤리적인 기준이나 윤리가 생기게 된 배경을 살펴보면 이것 역시 인간의 생존과 관련이 되어있습니다. 이유 없는 살인이 일어나면 언제 우리의 목숨을 위협받게 될지 모르기 때문에 살인을 하면 안 된다는 사회적인 규칙을 만들고 이것을 지키는 것을 윤리라고 볼 수 있지요. 즉, 사회적인 규칙이 바로 윤리인 것입니다. 따라서 비윤리적인 상황, 불공정한 상황, 무책임한 상황 등 윤리적인 규칙을 지키지 않는다고 생각할 때 대부분 분노가 생깁니다. 결국 분노가 생기는 외적인 요소가 바로 사회적인 규칙과 윤리라고 할 수 있을 겁니다.

생각은 '나는' 것일까요, '하는' 것일까요? 대부분 생각을 스스로 하는 것이라고 생각합니다. 하지만 생각은 자신도 모르는 사이에 끊임없이 떠올랐다가 사라집니다.

그럼 긍정적인 생각과 부정적인 생각 중에서 무엇이 더 많이 나게 될까요? 정답은 부정적인 생각입니다. 진화론에 의하면 외부의 정보를 부정적으로 해석하고 받아들여야 자신이 살아남기 위해서 도망갈 수 있는 확률이 높기 때문이라고 합니다. 안전하기 위해서 생겨난 본능이죠.

하지만 현대사회에서는 긍정성과 부정성 중 긍정적 생각에 집중해야 살아남을 수 있습니다. 그래서 자신의 머릿속에 떠오르는 생각을 긍정적으로 하려고 노력해야 합니다. 이것을 다른 말로 '내부대화를 관리한다'고 합니다.

그러기 위해서는 떠오르는 생각을 인식하고 자각해야 합니다. 자신의 생각을 자각하는 것은 자기통제력을 향상하기 위해서 매우 중요합니다. 생각을 자각해야 감정도 자각할 수 있습니다. 감정을 자각해야 생각도 자각할 수 있습니다. 감정조절은 여기에서 시작됩니다.

심호흡하는 것보다 자신의 생각과 감정을 자각하는 훈련이 자기통제력을 높이고, 감정조절력도 높이는 데 큰 효과가 있습니다.

네가 느끼는 슬픔, 불행, 외로움은
그저 허상일 뿐이야.
사실, 실제로 일어나는 사건은
그리 절망적이지 않거든.
네가 그렇게 '느끼는 것'뿐이야.

자아 인식(self-awareness)

타인이나 환경으로부터 자신의 존재가 다르다는 것을 구별할 수 있는 것

어린아이와 숨바꼭질을 하면 어딘가에 머리만 쏙 집어넣고는 찾아보라고 합니다. 몸은 버젓이 드러나 있는데, 본인의 눈에 보이지 않으면 다른 사람도 자신이 안 보일 거라고 생각하는 것이지요. 발달단계에서 반드시 거치는 단계입니다. 성인이 된 우리는 다를까요?[15]

이렇게 이야기를 해보면 어떨까요?

페이스북의 차단기능은 상대방과 자신은 다시 마주치지 않게 되어있습니다. 그렇다면 그 둘을 제외한 제3자의 눈에는 어떻게 보일까요? 기능상 나와 상대방 눈에만 안 보인다고 지우지 않은 덧글이나 담벼락 글은 사라지지 않습니다. 그저 내 눈에만 안보일 뿐이지요.

다른 사람과 자신의 입장이 다르다는 사실을 이해하는 것은 능력입니다. 자신의 입장에서만 상황을 파악하고 이해하게 되면 다른 사람들과의 인간관계에 문제가 생기게 되죠. 자신을 인식하는 것은 사회적으로나 정서적으로 매우 중요합니다. 기쁨, 슬픔, 자부심, 부러움, 질투심, 당황함, 죄책감 등의 감정을 경험할 수 있게 하는 것이 자신에 대한 인식입니다. 이것을 자의식 혹은 자아인식이라고도 말하지요. 이런 자아인식은 개인의 삶의 기억을 형성하는 데에 영향을 미치기 때문입니다.[16]

다른 사람들 사이에서 보이는 자기의 모습인 공적자아와 개인적인 모습인 사적 자아가 다르다는 사실을 알게 되면 자기에 대해서 더 구체적으로 생각하고 고민을 시작하면서 자신에 대해서 더 잘 알게 됩니다. 자신이 무엇을 원하는지 혹은 싫어하는지 삶의 목표와 꿈, 그리고 지금 자신의 삶의 항해를 잘 해나가고 있는지를 스스로 더 심도 깊게 생각하게 되지요.[17]

자아인식을 잘 하는 사람일수록 사회적으로 훨씬 더 유능합니다. 아이들도 친구들과 노는 과정에서 친구들의 활동을 모방하면서 훨씬 큰 즐거움을 느낍니다. 성인도 자신이 하는 일을 더 즐겁게 한다는 의미지요.[18] 심지어 협력이 중요하다는 사실을 이해하기 때문에 다른 사람과 함께 협동을 해서 목표를 달성하기 위해 노력하게 됩니다. 사회성뿐만 아니라 직장 내에서도 다른 사람들과 협력해서 성과를 달성할 수 있다는 것이죠.[19] 자아를 인식하기 시작하는 2세의 아이들은 쉽게 다른 사람과 협력해서 문제를 해결하려고 합니다. 하지만 자아인식이 불가능한 침팬지들은 성인이 되더라도 협동해서 문제를 해결하는 데에 그다지 관심을 보이지 않습니다.[20]

세상의 모든 원리는 비슷합니다. 심리학자 윌리엄 글래서(William Glasser)도 오감을 통해서 외부세상의 정보를 받아들이지만 지식과 가치필터를 통해서 정보가 필터링된다고 했습니다. 인간의 주의력은 한정되어있기 때문이지요. 주의력을 이끌어내는 필터의 형성 요인은 크게 두 가지 측면으로 볼 수 있습니다. 타고나는 것과 만들어지는 것.

첫째, 타고나는 것, 바로 생존요인입니다. 인간은 태어나면서 본능적으로 생존을 위해, 불안을 극복하기 위해 생존전략을 갖게 됩니다. 평소 자주 방긋방긋 웃는 아이가 있는가 하면 자주 우는 아이가 있는 것도 이유가 있는 것이지요. 태어나고 3년간 이 생존전략은 사회적 상호작용으로 더 강화되어 삶의 강력한 동기요인으로 발전합니다. 이 동기요인은 본능적이고 무의식적으로 작동하는데, 이것이 첫 번째 주의력의 기준이 됩니다. 각자 만들어진 생존전략으로 삶을 바라보고 받아들이는 것이지요.[21]

두 번째는 만들어지는 것, 경험요인입니다. 우리는 자신이 살아온 경험을 통해서 자각된 더 중요한 것들을 선택적으로 주의집중하고 덜 중요한 것들은 지나치기 시작합니다. 더 중요한 것들은 강렬한 감정적 경험을 겪은 것일수록 더 강력한 신념을 형성합니다. 많은 경험과 좌절을 하고, 극복하면서 삶에서 필요한 경보들을 알아챌 수 있는 주의력과 판단력이 길러지지요. 그래서 많은 경험과 좌절, 그리고 극복은 성숙한 인간으로의 기본적인 밑거름이 됩니다. 이것은 삶은 물론, 직장에서의 업무도 마찬가지입니다.[22]

자신의 마음을 스스로 민감하게 인지하지 못하는 사람들은 다른 사람들의 입장을 이해하지 못하게 되죠. 자기에 대해서 이해하는 능력이 떨어질수록 자기중심적인 사람이 되고 다른 사람들의 생각이나 관점이 자신과 다를 수 있다는 것을 이해하지 못하게 되어 상황을 왜곡해서 받아들이게 됩니다.[23] 자기를 성찰할 수 있는 것은 능력입니다. 자신을 성찰할 수 있어야 다른 사람들의 행동을 예측할 수도 있게 됩니다.[24]

저는 시간이 날 때 명상을 하면서 주의를 집중하고 자신을 바라보는 연습을 합니다. 지금 여기(here & now)에 있기 위하여 의식(awareness)을 자신에게 두는 연습을 합니다. 이 과정에서 생각과 마음을 관찰하고, 신체를 관찰합니다. 그래서 내가 무엇에 '무의식적 주의'를 하고 살았는지 바라보지요. 나에게 일어난 모든 '문제'는 타인이 아니라 내가 스스로 만들었다는 사실을 깨닫는 과정! 그것을 깨달을 때 드디어 긍정적인 성장이 일어납니다.

성취를 상상하라.
최선을 다하고도 실패할까봐
미리 변명을 준비하는 사람이 되지는 마라.

귀인(歸因, attribution)

자신이나 다른 사람들의 행동의 원인을 찾아내기 위해 추론하는 과정을 설명하는
이론 [25] [26] [27] [28]

'원인의 귀착'의 줄임말. 컵을 실수로 떨어뜨려 깨뜨렸을 때, 옆에 있는 사람과 부딪혔
기 때문에 떨어뜨렸다고 생각할 수 있고, 자신이 너무 덜렁대서 깨뜨렸다고 생각할 수
도 있다. 이처럼 하나의 결과를 갖고도 원인으로 생각하는 것은 개인에 따라 다를 수
있으며, 다양한 귀인이 나타난다. -사회심리학

오늘도 먹고야 말았습니다. 다이어트만 햇수로 십오 년째. 그렇게 먹고 또 먹어도 이놈의 입맛은 떨어지지 않습니다. 심지어는 눈이 높아져서, 맛집인지 아닌지 단번에 식별이 가능합니다. 누구는 '이미 아는 맛이니 먹지 않아도 된다'던데, 나는 그 먹어본 맛이 왜 또 끌리는지.

왜 우리는 다이어트에 실패할까요? 그야 당연히, 이 세상엔 맛있는 게 너무나도 많기 때문이지요. 생물학적으로는 호르몬이 분비되고, 우리는 그것을 맛있다고 느낍니다. 어떤 연예인이 그러더군요. 다이어트에는 이별이 최고라고. 헤어져서 슬퍼 죽겠는데, 밥이 넘어가느냐는 겁니다. 그런데 아무리 마음고생이 다이어트에 좋다고 해도, 일단 내가 죽을 것 같으면 먹는 것이 또 인간입니다. 역시 인간이란, 알 수 없지요.

사실, '입으로만' 다이어트를 할 때는 그렇습니다. "나 다이어트 하는 중이야.”라고 말하지만 실제로는 밥만 빼고 다 먹고 있지요. 우리 물만 먹어도 살찌는 체질이라고들 하지요? 그렇지만, 그때는 내가 물 말고도 무엇을 먹고 있는지 돌아봐야 합니다.

반면 정말 다이어트를 ‘실행’ 할 때는, “나 다이어트 하는 중이야.”라고 말하며 밥은커녕 간식까지 입에 대지 않습니다. 이 의지의 차이는 무엇일까요?

바로 확실한 동기(Motive)입니다. 보통 주변 사람들의 잔소리와 같이 사회적 압박 때문에 시작한 다이어트가 있지요. 압박은 곧 강박으로 이어지지요. 사실 외부 동기는 실질적으로 자신의 행동을 변화시키기 어렵습니다. 그렇게 때문에 ‘말로만’ 하는 다이어트가 생기는 것이지요.

내부 동기는 스스로 살을 빼야 할 이유를 계속 찾아내기 때문에 그것이 곧 실행으로 이어집니다. 맛있는 음식에 손대지 않게 되는 것은, 살을 빼고 나서 얻을 만족감 때문이지요. 일종의 희망입니다.

‘이 뱃살 봐! 짜증나!’라는 생각이 내부 동기가 되기가 어렵습니다. 또한, ‘꼭 이 옷을 입고 말 거야.’라는 생각 또한 그렇게 되기는 어렵지요. 지금보다 살을 뺀 자신이 좋다는 거라면 내부 동기가 될 수 있긴 합니다. 그렇지만, 그것은 곧 옷을 입은 제 모습을 남에게 보여 주겠다는 것이기 때문에 확실한 동기는 아니지요.

'꼭 살을 빼서 그 사람을 후회하게 만들겠어.' 이 말은 내부 동기로 약해 보이나 명예 회복을 위한 욕구가 들어 있기 때문에 위의 사례보다는 동기가 강하다고 볼 수 있습니다. 우리는 다이어트 '결심'만 하면 다 되리라 생각하지만 실제로 가장 중요한 것은 자신을 설득하는 일입니다. 한두 번 설득한다고 해서 바로 변하는 건 아니니까요. 꽤 끈질기게, 그리고 오랫동안 자신을 설득해야 합니다. 그리고 하지 않으면 안 되는 아주 확실한 이유를 찾아야, 비로소 '먹지 않게' 됩니다.

저는 최근 술을 끊었습니다. 술을 마시면 음식이 통제가 안 되거든요. 물론 술은 살이 찌지 않습니다. 살은 '내가' 찝니다. 그래서 술자리를 더욱 피해왔지만, 저번에는 연속으로 술자리에 나갔습니다. 그 술자리에서 저는 음식을 '덜' 먹을 수 있었지요.

음식을 끊고 싶었지만 그건 어려우니 죽지 않을 만큼 먹고 있습니다. 그래서 저는 '얼굴 소멸하겠다'는 얘기를 들었어요. 역시 일단 덜 먹어야 하는 건가 봅니다.

조금씩 사부작거리며 운동도 합니다. 주워들은 건 많아서. 다이어트할 방법을 몰라서 못 하는 건 아닙니다. 전문가의 조언은 이미 들었지요. 이것은 결국 지식의 문제가 아니라, '나'의 문제인 것입니다.

초라한 변명보다
아주 작은 시도가
그대를 더욱 밝고 빛나게 한다.

자신감(Self-confidence)

어떠한 것을 할 수 있다거나 경쟁에서 이길 수 있다 혹은 잘 할 수 있다는 등에 대한 자신의 느낌이다. 자신감의 정도는 현재 자신의 수준에 대한 가장 좋은 예측 수단으로 승패 가능 여부에 대하여 자기 자신이 가지는 느낌이나 심상을 말하는 것이다.[29]

시키는 일도 못 하는 사람,

시키는 일도 안 하는 사람,

시키는 일만 하는 사람,

시키지 않아도 일하는 사람,

일을 찾아서 하는 사람.

제가 직장 다닐 때 가장 기억에 남았던 말은 가만히 있으면 중간은 간다는 말입니다. 시키는 일만 하라는 소리지요. 눈앞 시스템을 조금만 개선하면 좀 더 편리할 것 같은데, 가만히 있으라고만 사수가 그랬습니다. 그러다가 시스템에 문제가 생기면 전산팀에서는 "지난 번에 ○○씨가 수정해 달라고 했어요."라고 합니다. 다른 팀도 서로 책임을 떠넘기지요. 그렇게 이리 치이고 저리 치이다 보면, 그냥 중간에 가만히 있는 게 낫겠다는 생각이 드는 겁니다.

십삼 년 전 그 사수는, 구 년 전 제가 연봉 일 억을 기록했을 때 여전히 그 직장에서, 여전히 그 연봉을 받으며, 여전히 그 일을 했습니다. 시키는 일만 하다 보면 일이 없을 땐 무얼 해야 하는지 모르지요. 십이 년 전 사업자 등록을 하고 몇 년 간 배운 것은 경영과 마케팅이 아닙니다. 저는 시키지 않아도 일을 찾아서 하는 법을 훈련했어요.

월급 받으면서 일을 찾아 하는 것, 월급 주면서 일을 찾아 하는 것은 천지 차이입니다. 받으면서 하는 것은 단지 시행착오지요. 그러나 주면서 겪는 시행착오는 생계의 갈림길에 서는 중대한 문제가 될 수도 있습니다. 누군가에게는 일이 지겹고 무기력함을 주는 것일지 모르나 누군가에게는 감사함이지요. 시킨 일만 하는 사람과, 일을 찾아서 하는 사람의 미래는 달라야 하는 것이 인지 상정 아닐까요?

성공을 습관으로 만들어라.
성공도, 실패도 습관이다.

셀프핸디캡전략(self-handicapping strategy)[30]

사람들은 어떠한 중요한 일을 앞두고 있을 때 많은 스트레스를 받으면 그러한 상황을 무의식적으로 모면하려고 한다. 이러한 방식으로 스스로 핸디캡을 만들고 나서 그 결과가 실패하면 자신의 실력이 없거나 부족해서 그런 것이 아니라 나름대로 합당한 이유와 원인이 있었기 때문이라고 핑계와 변명을 대며 자존심과 자기자신을 보호하려는 전략이다.

"나 아무래도, 학사 학위가 없어서 쇼호스트 시험에 떨어지는 것 같아."

이 친구는 교수 기술(Teaching Skill)을 배우는 아카데미에 다니는 중입니다. 이 곳은 기업 강의를 할 수 있도록 가장 기본적인 강의 기술을 배우는 곳이기 때문에 친구에게 물어 봤습니다, 그래서 물었습니다. 기업 강의는 왜 배우느냐고요. 그랬더니 친구가 그럽니다.

"나 쇼호스트 떨어지면, 강의라도 하고 다녀야지."

이건 또 다른 계획일까요, 아니면 핑계일까요?

시간을 두고 지켜보면 자연히 그 답을 알게 됩니다. 친구는 얼마 가지 못해 쇼호스트를 포기했습니다. 시험에 계속해서 떨어지고 한두 곳 합격하기는 했으나 지방 작은 회사라 출근을 포기하거나 오래 근무하지 못했습니다. 이런 일을 몇 번 반복하더니 쇼호스트를 포기하는 겁니다.

십사 년 전, 친구는 기업 강의를 하겠다고 선언했습니다.

"나 아무래도 학사학위가 없어서 강의 요청이 없는 것 같아."

"나 아무래도 석사학위가 없어서 강의 요청이 없는 것 같아."

"나 아무래도 박사학위가 없어서 강의 요청이 없는 것 같아."

현재는 어떨까요. 이 친구는 학사도, 석사도 모두 땄습니다. 그리고 박사 학위를 받기 위해 논문을 쓰고 있는 친구는, 이런 말을 자주 합니다.

"나는 다른 강사들처럼 전국에 강의하러 다니는 건 체력이 안 될 것 같아."

"난 그냥 아카데미 오픈해서 후배들 키우고 싶어. 나 사무실 오픈했어. 개업했으니까 놀러와."

이 친구의 원인 분석처럼, 정말 박사학위가 없어서 강의 요청이 없는 것일까요? 핑계를 대는 것일까요? 보통 기업에서 강의하는 사람들은, 전국에서 강의 요청이 있기 때문에 바쁜 사람들은 일주일에 평균 1000km를 운전합니다. 사무실에 출근할 시간이 없으므로 사무실이 있으나 마나고요. 이 사람들이 모두 박사학위를 갖고 있을까요? 학위가 있어야 한다 말하는 이 친구의 주장처럼, 학위만으로 전국에서 강연 요청이 들어오면 얼마나 좋을까요.

친구와 같은 아카데미에 다녔던 사람들은 모두 여덟 명, 그 중

넷은 기업 내에서 강의하는 일을 하고 있습니다. 한 명은 얼마 되지 않아 프리랜서 활동을 시작했고요. 학사 학위만으로 프리랜서 독립 삼 년 만에 연봉이 칠천을 넘었고, 오 년이 되자 연봉이 일억으로 뛰었습니다. 물론 석사학위가 없어서, 박사학위가 없어서 강사료가 깎이거나 요청이 취소되는 경우도 더러 있었지만 요청 자체가 없는 것은 아니었어요. 연봉이 일억을 넘어가고 나서야, 그 사람은 학위를 따기 위해 강의 요청을 거절하고 학위 취득에 전념했습니다. 그럼에도 불구하고, 여전히 고소득입니다.

왜 사람들은 Plan B로 가장한 변명을 늘어놓는 것일까요? 미국에서 대학생을 대상으로 사회심리학자가 실험 하나를 했습니다. 실험에 참가한 대학생들에게 '학습 능력과 약물효과'라는 실험을 한다고 말하며 문제를 출제했죠. 첫 번째 그룹은 간단히 풀 수 있는 문제를 풀었고, 두 번째 그룹은 풀기 힘든 어려운 문제를 풀게 되었습니다. 그리고 문제의 난이도와 관계 없이 실험 참가자들에게 좋은 성적의 성적표를 주었습니다. 이후 학생들에게 두 가지 중 한 가지 약을 선택하게 했습니다. 한 개는 집중력을 높여서 문제 푸는 능력이 향상되는 약이고, 다른 하나는 집중력과 긴장을 이완시켜서 문제 푸는 능력을 떨어뜨리는 약이었지요. 참가자들은 이 두 가지 중 무엇을 선택했을까요?

쉬운 문제를 풀었던 사람들은 첫 번째인 집중력을 높여주는 약을 선택했지만, 어려운 문제를 풀었던 그룹은 두 번째인 집중력을 낮추는 약을 선택했답니다. 다음 과제도 어려울 것이라 예상한 두 번째 그룹이, 집중력을 낮추는 약을 미리 먹어서 낮은 점수에 대한 핑계를 만든 것이지요. 이것을 셀프핸디캐핑이라고 합니다. 셀프핸디캐핑이란, 중요한 시험이나 일을 하기 전에 실패를 대비해서 미리 자신에게 불리한 조건을 만들어놓는 현상을 말합니다.

우리는 우리가 도전하고 노력한 무언가가 제대로 되지 않을까 봐 핑계를 만들어 놓습니다. 노력하긴 하지만, 결정적인 순간에 포기를 하면서 핑계를 댑니다. 떨어진 게 아니라, 내가 거절한 거야! 뭐 이런 식으로 말이죠. 그런다고 뭐가 달라지나요? 떨어진 것이든, 거절한 것이든, 결과는 실패. 변하지 않는 것을.

핑계는 쉽고 포기 또한 쉽습니다. 노력은 어렵고, 도전도 어렵지요. 그래서 그 도전을 통한 성취가 더 값진 것입니다. 포기하지 않고 성공할 때까지 도전하는 것, 그러면 성공이 눈앞에 있을 겁니다. 단지, 그 시간이 빠른지 느린지의 차이만 있을 뿐입니다.

물론, 삶에는 정답은 없습니다. 누구나 자신의 인생을 가장 열심히 사는 것이니까요. 강연 요청이 많은 것이 성공한 것이라는 기준을 놓고 본다면 이 친구는 실패로 볼 수도 있겠지만 어쩌면 자신에게 맞는 직업을 계속 찾아나가는 과정일 수도 있으니까요.

우월감과 열등감의 본질은 같다.

기만적 우월감

자기 자신이 다른 사람보다 훌륭하며 월등히 낫다는 감정.
흔히 그 반대 개념인 열등감에 대한 방어 또는 반동현상으로 나타나는 것으로 해석되기도 한다. 정신분석학이나 정신위생학에서 자주 쓰이며 인종과 인종, 민족과 민족의 관계를 설명하는 데도 중요하게 사용되는 개념이다.[31]
"열등감이 높은 사람이 우월감을 느낀다."
– 아들러(Alfred Adler), 오스트리아 정신과 의사이자 심리학자

모 시의회 공직자를 대상으로 강의를 할 때였습니다. 공무원과 시의원과 도의원이 함께 듣는 연수였습니다. 자리배치가 재미있었는데, 시도의원은 국회 회의장을 연상케 하는 매우 안락하고 편안한 자리에 앉아있었고, 공무원들은 구석, 책상도 없는 의자에 앉아 있었습니다. 한눈에 봐도 갑과 을이 명확해 보였지요.

"그 시의원분은 목에 깁스를 하셨더라구요."

강의 중 충분히 학습자와 친해진 후에 농담했습니다. 이 농담을 하기 바로 직전에 착석한 한 시의원이 손을 들고 말하더라고요.

"강사님! 여기 앉아있는 사람들이 누군지는 아십니까?"

"내가 누군지 알아?"

보통 이 말을 하면 진짜 능력자가 아닐 확률이 높습니다.

"나 이 회사 사장님 친구야!"

"내 친구 검사야!"

"내 친구가 말이야!"

보통 자기의 능력을 과시하는 것보다 친구의 능력이나 지위를 과시합니다. 자신이 정말 권력자라던지 능력자라면 굳이 자신이 스스로를 과시하지 않아도 이미 옆에서 의전을 하기 때문에, 자기 입으로 과시를 할 이유가 없지요.

사람들은 누구나 자신이 남들보다 낫다는 착각을 하는데, 이를 과신의 오류라고 합니다.[32] 다른 말로 '기만적 우월감 효과(illusory superiority effect)'라고도 하지요. 객관적 자료와 관계없이 남들보다 우월하다고 생각하는 것은 누구에게나 공통된 현상입니다.

기업에 근무하는 임직원에게 질문을 했습니다.

"당신은 회사에서 필요로 하는 우수한 핵심 인재입니까?"

이 질문에 응답자의 약 80%가 그렇다고 대답했습니다. 심지어 미국에서는, 종업원의 90% 이상이 자신은 다른 직원들보다 생산적이라고 생각하고 있었지요.[33] 잡코리아에서 직장인 약 2000명을 대상으로 조사한 결과, '나는 평균보다 우수한 인재'라고 생각하는 사람이 70%였고, 그 중 약 75%의 사람들은 능력에 비해서 낮은 연봉을 받고 있다고 생각했습니다. 에이미 메즐리스(Amy Mejlis)의 연구에 의하면 거의 모든 문화권과 사람들이 자신을 평

균보다 높게 평가한다고 합니다.[34]

　재미있는 사실은 '자존감'에 대한 관심이 늘어나고 나서, 부모가 자녀의 자존감을 키워줄수록 과신효과도 높아졌다는 점입니다. 미국의 10대 중 '나는 잘났다'는 말에 걸맞는 사람이라고 생각하는 사람이 1950년대에는 12%에서, 1980년대에는 80%로 늘어났답니다.[35]

　자존감이라는 이름으로 포장이 되었지만 과신의 오류의 다른 말이 바로 '기만적 우월감'이지요. 오스트리아 정신과 의사이자 심리학자인 아들러(Alfred Adler)는, 열등감이 높은 사람이 우월감을 느낀다고 했습니다. 다른 사람보다 더 우월한 사람이라고 생각하는 것이 오히려 열등감을 숨기기 위한 방어기제로 나타나는 것이라는 겁니다. 자존감으로 포장된 우월감의 다른 이름은 열등감입니다.

　"강사님! 여기 앉아있는 사람들이 누군지는 아십니까?"라고 말했던 사람은 초선 시의원이었습니다. 연봉 3500만 원짜리 지방자치단체 기초의원으로, 뱃지를 단지 한 달도 안 된 새내기 시의원이었지요. 정치를 오래 한 사람이었다면 그냥 웃고 넘어갔을 농담입니다.

어떤 사람이 이유 없이 싫다면

어떤 사람이 나를 싫어한다고 느낀다면

그 사람을 통해 자신의 열등감을 발견한 것뿐이다.

투사(Projection, 投射)

자신이 거부하고 싶은 고통스러운 감정이나 생각을
타인이나 상황으로 이전시켜서 실제 객관적으로 존재하는 것으로
생각하게 만드는 원초적인 심리적 방어형태.[36]

"난 똑똑한 사람이 제일 부럽더라."

사업을 크게 하는 동생이 자기는 먹고 살려고 돈 버느라 공부가 부족하다며 말했습니다. 그래서 가볍게 대답했습니다.

"그 똑똑한 사람을 활용해서 돈 버는 게 사장이지."

그 대화를 지켜보던 한 사람이 발끈하며 말했습니다.

"사람이 물건이야? 활용하게?"

무슨 말을 하는 건지 이해합니다. 경영학에서는, 인적자원을 조직 내에 배치하고 활용하는 것을 인적자원 관리(HRM Human Resources Management)라고 하지요. 사실, 활용이라는 단어를 보면 아무 문제가 없습니다. 이렇게 표면적으로 드러난 문제를 현상이라고 하는데요, 대부분은 현상만으로 갈등이 일어납니다. 실질적인 문제는 물속에 가라앉아 있는 빙산처럼 무의식적으로 발동합니다.

"사람은 존중받아야 하는 대상이에요. 필요하면 활용하고 필요 없으면 버리는 존재가 아니란 말이에요."

주변 사람들도 동조합니다. 이 말에 둘이 한편이 되어 갈등에 합세하죠. 편을 가르고 내 편을 만든다는 것은, 본인이 약하다고 인식할 때 나타나는 일반적 현상입니다. 왜 이런 일이 벌어진 것일까요? 사람들은 자신의 상황이나 처지를 타인이나 외부에 투사합니다. 물론 최근 갑질 문제가 많아서 그 사건을 여기에 투영했을 수도 있습니다. 활용이란 단어로 그 사람이 갖고 있던 내부적인 문제가 드러난 것이지요. 아무것도 아닌 단어 하나가 분노의 방아쇠가 되었다는 것은, 그 단어 혹은 단어로부터 유추해낸 상황이 분노한 사람의 삶에서 트라우마 경험이 있거나 최근의 을로서의 경험이 투사되어 나타난 것입니다.

인간으로서 존중하지 않고 갑질하는 인간이 싫다면서 자신이 하는 갑질은 인식조차 못 하는 게 인간입니다. 내면의 상처가 있는 사람들은 그 상처가 건드려지면 아프기 때문에 더 크게 소리를 칩니다. 아프지 않은 사람들은 문제없이 지나가지요. 사람에 대해서도 마찬가지입니다. 다른 사람과 잘 지내는 어떤 사람이 이유 없이 싫을 때가 있습니다.

아주 사소한 말, 행동, 상황. 스쳐가는 사람들. 우리를 스스로 돌아볼 수 있게 하는 거울입니다.

용서는 상대를 용서하는 과정이 아니라
자기 자신을 용서하는 과정이다.
부디 그대 스스로를 용서하라

용서(容恕, Forgiveness)

피해자가 가해자에 대한 감정과 태도의 변화를 통한 의도적이며 자발적인 과정이며,
쌓여가는 공격적인 마음을 가지고 복수과 같은 부정적인 정서를 버리는 것이다.[37]

"정말 그 사람을 용서하지 못해요. 아버지를 치고 뺑소니를 한 사람이에요."

뺑소니 사고로 아버지를 잃은 한 남자의 말입니다. 결국 범인은 잡혔고, 소송이 시작되니 이제 와서 잘못했다고 비는 뺑소니 운전자를 남자는 도저히 용서할 수 없다고 하네요. 그러면서 절대 합의를 해줄 생각이 없다고 강조했습니다.

"중요한 시험이 있기 전날이었어요. 공부를 하다보니 전화가 꺼져있는 줄도 몰랐죠. 전화를 켜서 부재중 전화를 살펴보니 아버지에게서 전화가 와 있더라구요. 시험 끝나고 나서 전화해도 되겠지 하는 생각에 전화를 하지 않았어요."

바로 이 날 이 남자의 아버지는 뺑소니로 돌아가셨습니다. 다음 날 시험이 끝나고 아버지의 소식을 들었다고 합니다.

'그날 아버지의 전화를 받았다면 어땠을까.'

'부재중 전화가 온 사실을 알았을 때라도 전화를 했으면 어땠을까.'

남자는 이런 생각만 들었다고 해요. 그리고는 반드시 그 뺑소니 운전자를 응징하겠다고 다짐했다고 합니다. 남자의 말을 들으면서 발견한 것은 분노보다는 죄책감이었습니다.

"아직도 그 친구의 전화번호를 지우지 못하고 있어요. 몇 년 전 일인데 말이죠."

육군 헌병대에 근무하고 있는 한 간부의 말입니다.

"군에는 관심 병사만 있는 것이 아니라 관심 간부도 있어요. 요즘에는 군대 내에서 자살사고가 날까 봐 병사들 중에서 사고가 날 것 같은 친구들은 그냥 전역을 시켜버리죠. 병사 자살률은 이제 0%예요. 그런데 간부는 바로 전역을 못 시키잖아요. 제가 관심 간부 중 한 명을 챙기고 있었어요."

이 남자는 동료를 챙기기 위해서 매일 함께 출근하고 함께 퇴근하고, 퇴근 후에는 매번 식사를 함께 했다고 합니다. 그 친구는 사람들하고 어울리지도 않고 근무시간 이외에 하루종일 게임을 하는 데에만 몰입을 했었다고 합니다. 함께 식사를 하더라도 말이 많은 편이 아니라 자신이 주로 얘기를 했었다고 하고요.

"한 번은 이 친구가 술 한 잔 하자고 하더라구요. 드디어 이 친구가 저에게 마음을 열었나 싶었어요. 다음 날 함께 출근하려고 갔는데, 그 친구가 목을 매고 있는 모습을 봤어요. 그 줄에서 내리려고 얼마나 애썼는지……. 그 친구의 몸을 올가미에서 빼려고 아무리 시도해도 안 되더라고요. 이미 늦었죠."

결국 헌병대가 출동하고 나서야 시신이 수습이 되었다고 했습니다.

"아직도 그 친구의 전화번호를 지우지 못하고 있어요. 몇 년 전 일인데 말이죠. 너무 미안해서요. 만약에 전날 그 친구가 술 한잔 하자고 했을 때, 제가 말을 좀 덜하고 그 친구의 말을 들어주었다면 어땠을까요. 지금쯤 살아있지 않았을까요?"

원망과 복수의 끝은 대부분 스스로를 향하고 있습니다. 죄책감은 자신이 무언가에 실패했거나 도덕적으로 잘못을 저지르긴 했지만 바로잡고 앞으로 실수를 반복하지 않으려는 감정입니다. 그래서 끊임없이 비난하고 원망하면서 스스로를 벌주려고 합니다. 이미 자신을 용서해 줄 사람이 없기 때문에, 자신을 스스로 벌주고 후회하는 과정에서 속죄하면서 스스로 용서를 비는 과정입니다. 이렇게 자기 자신을 원망하는 과정에서 자신을 자학하고 공격하는 것이 죄책감의 방어기제이자 자아가 죄책감을 다루는 방법입니다.[38]

부디 스스로를 용서했으면 좋겠습니다. 누군가가 아닌 바로 자신을요. 이제 용서하고 그만 놓아 주세요.

사람은 누구나 자신의 경험에 따라 변화한다.
다만, 성장할지 퇴보할지는
경험에서 얻은 깨달음이 좌우한다.

회복탄력성(Resilience)[39]

좌절과 절망의 순간에서 역경을 딛고 다시 일어나는 힘이자 도전적인 상황에 미리 대처하고 준비하는 능력을 말한다. 반복적인 악순환의 고리를 끊고 새로운 규범과 질서와 가치, 시스템을 만들어내는 능력이다. 좌절을 겪는 사람을 무조건 믿어주는 사람이 단 한 명이라도 있을 때 회복력은 높아진다.[40]

영화배우이자 모델인 배정남 씨가 방송에 친구와 같이 출연해서 어린 시절의 이야기를 나눈 것이 화제가 되었지요. 배정남 씨는, 지방에서 공사하시던 아버지의 직업 때문에 열한 살 때부터 하숙집 2층 다락방에서 살았다고 해요. 돈을 벌어야 했던 그는, 고등학교를 졸업하면서 일을 시작했습니다. 그때의 시급은 2,050원이었는데요. 평균 월급이 사십만 원 정도였다고 해요. 그런데 야간에 일을 하면 돈을 더 많이 주었기 때문에, 정말 열심히 해서 백오십만 원을 받은 적도 있다고 합니다. 그는 시급이 깎일까 지각 한 번 한 적이 없고, 휴일에 제대로 쉰 적도 없답니다. 심지어 아파도, 병원비가 비쌀까봐 파스를 발랐었고요. 지금도 그때의 기억이 아주 선명하다고 합니다.

사람들은, 부모가 없거나 가난하면 그 사람이 불우한 어린 시절을 보냈다고 생각합니다. 그리고 그 가난을 겪은 이들은 분명 가난이 대물림 될 거라 생각하기도 합니다.

우연히 신창원의 어린 시절에 관한 기사를 봤습니다. 신창원은 희대의 탈옥수로 유명합니다. 1989년, 9월 스물두 살의 신창원은 무기징역을 선고 받았습니다. 그리고 1997년 복역 중에 교도소 화장실의 창살을 뜯고 탈옥에 성공하지요. 신창원에게는 수천만 원의 현상금이 붙었고 수색 작전을 위해 헬기까지 동원했지만, 잡힐 뻔한 상황에서도 다섯 번이나 도망가는 데 성공합니다. 무려 2년 6개월 동안 도망자로 살면서, 약 100건의 절도죄도 저지르게 되지요. 그러면서 기부도 하는, 굉장히 이중적인 모습을 보입니다. 그의 그런 모습과 잘생긴 외모로 신창원 신드롬까지 생겼다나요.

신창원은 가난한 농부의 아들로 태어났고, 어머니를 일찍 여읜 탓에 새어머니가 계셨다고 합니다. 엄한 아버지와 그를 사랑해 주지 않는 새어머니 탓에, 그의 마음에는 분노가 많았다고 해요. 아버지는 열다섯의 신창원이 수박 서리를 하자 직접 파출소로 아들을 데리고 갔고, 미성년자이던 신창원은 소년원에 보내집니다. 이후, 소년원 출신이라는 꼬리표가 그를 계속 쫓아다녔지요.

어느 날 유명 프로파일러이자 교수인 표창원이, 자신과 신창원은 공통점이 있다고 밝힙니다. 바로 어린 시절에 느꼈던 두려움과, 분노라는 감정이지요. 표창원은 어린 시절 아버지의 사업 실패와 부모님의 불화를 보며 마음속에 분노를 켜켜이 쌓아갔습니다. 사소한 일에도 주먹질을 하거나 어머니의 지갑을 훔치는 등, 대학입시 학력고사 몇 개월 전에는 사제 폭탄을 만들어 장난을 치려다 다치기까지 했다고 해요.

결정적으로 표창원과 신창원의 차이점은 무엇이었을까요? 신창원에게는 엄한 아버지, 자식을 소년원까지 보낸 아버지가 있었다면 표창원에게는 친구들이 있었습니다. 그가 사제 폭탄으로 크게 다쳐 입원했을 때 친구들이 경찰대학의 팸플릿을 가져다주었다고 해요. 표창원은 어린 시절 동경했던 셜록 홈즈와 같은 탐정이 되고 싶었고, 그게 표창원이 목표를 설정하게 된 계기라고 합니다.

신창원이 검거되고 한 말이 있습니다.

"지금 나를 잡으려고 군대까지 동원하고, 엄청난 돈을 썼는데. 나 같은 놈이 태어나지 않는 방법이 있다. 내가 초등학교 때 선생님이 '너는 착한 놈이다.'하고 머리 한 번만 쓰다듬어 주었다면 여기까지 오지 않았을 것이다. 5학년 때 선생님이 '새끼야, 돈 안 가져 왔는데 뭐 하러 학교에 와. 빨리 꺼져!'하고 소리쳤는데 그때부터 내 마음속에 악마가 생겼다."

표창원은 신창원과 다르게 자신의 주변에 '천사들'이 있었다고 말합니다. 엄했던 아버지의 군대식 훈육으로 힘든 어린시절을 겪었지만 선생님과 동네 어르신, 친구 부모와 친구들의 따뜻한 보살핌으로 극복할 수 있었다는 겁니다.

하와이 주변의 크고 작은 섬들 중 북서쪽에 위치한, 둘레 50km정도의 카우아이라는 섬이 있습니다. 섬은 아주 작고, 오지인데다 주민은 삼만 명밖에 되지 않습니다. 이들은 대대로 가난과 질병에 시달렸고 주민 대다수가 범죄자이거나 알코올 중독자였습니다. 1954년에, 학자들은 카우아이섬 주민이 왜 불행한 인생을 사는지에 대한 종단연구를 시작했습니다. 1955년에 855명의 아이가 태어났고, 이들의 일생을 추적하는 연구가 시작되었지요. 이들 중 201명은, 가난한 부모와 이혼 가정, 알코올 중독자 부모 혹은 정신질환 부모가 있는 가정에서 태어났습니다. 연구진들은 이 가정에서 태어난 아이들은 대부분 사회 부적응자로 성장할 것이라고 가정했죠. 하지만 고위험군의 201명 중 3분의 1에 해당하는 72명이, 부유한 환경에서 자란 아이들보다 더 도덕적이고 성공한 삶을 살았습니다. 연구진들의 예상은 보기 좋게 빗나간 것이지요.[41] 학자들은, 부모의 경제적인 지원이나 뒷바라지 없이 온갖 좌절과 실패를 경험하면서도 주민들이 성공적인 삶을 살게 된 그 이유가 무엇인지 연구하기 시작했습니다.

연구진들은 이들에게서 단 한가지의 공통점을 발견했는데, 그 것은 바로 아이들의 주변에는 아이들이 어떤 상황에 처해 있더라도 아이들을 믿어주고 무조건 사랑을 베풀어주던 단 한 명의 '천사'가 있었던 것입니다. 부모가 아니라면 부모 대신 조부모나 친척, 마을 주민이나 선생님이 그 역할을 해 주었던 것이지요. '언제나 내 편이 되어주는 단 한 사람'의 존재가, 실패와 좌절 속에서도 다시 일어설 수 있는 원동력이 되었던 것입니다.

같은 환경에서 자랐지만 한 명은 경찰이 되고 다른 한 명은 범죄자가 되었습니다. 신창원은 무기수로 복역 중이지만, 표창원은 경찰관으로 시작해 범죄심리학과 교수에서 현재는 국회의원으로 활동을 하고 있습니다. 언제나 꽃길을 걷는다면야 좋겠지요. 그러나 인생이 어디 그렇게 놔두겠습니까? 힘든 일을 겪으면 더 힘든 일이 닥치고, 극복하면 더 힘든 고난이 닥치기 마련입니다. 다른 사람들도 비슷합니다.

배정남 씨는 엄마처럼 키워주신 하숙집 할머니를 20년 만에 만나서 이렇게 말했습니다.
"할머니가 계셔서 힘들어도 버틸 수가 있었어요. 할머니 덕분에 성공은 못 하더라도 바르게 살아야겠다는 생각을 하며 살았어요."[42]

내 옆에서 따뜻하게 손을 잡아주는 사람을 만난 사람은, 다른 사람에게도 손을 내밀어 줄 수 있습니다. 손을 잡아 주는 사람은 자신이 마음 편한 상태이기 때문에 잡아줄 수 있는 것은 아니지요. 사실 힘들지만 상대방과 함께 손을 잡고 있기 때문에 자신도 힘든 시기를 함께 버틸 수 있는 것 아닐까요? 무조건적인 내편에게 무조건적인 네 편이 되어줄 수 있다면, 세상이 훨씬 따뜻하게 느껴지지 않을까 싶습니다.

내 마음 하나 다스리지 못하는데
무슨 큰일을 하겠다고.

자기통제(self-control)

장기적인 보상을 얻기 위해 혹은 처벌을 받지 않기 위해 자신의 감정, 행동, 욕망을 통제하고 단기적인 쾌락과 만족을 미루는 능력 [43] [44]

"내 마음 하나 다스리지 못하는데 무슨 큰일을 하겠다고."

다이어트를 다짐할 때마다 혼자 하는 말입니다. 이렇게 눈앞에 있는 음식도 참지 못하면서, 하는 투덜거림은 덤입니다. 사실 다이어트 할 때만 그런 것은 아닙니다. 책을 써야 하지만 한없이 미루기 시작할 때 게으른 나 자신을 자기비판하지요.

'지금 당장 누워서 꼼지락거리고 있으면서 무슨 책을 완성하겠다고.'

이럴 때면 항상 지금 당장 할 일이 무엇인지 찾습니다. 음식을 치우는 일인지, 술친구를 끊는 일인지, 모임을 건너뛰는 일인지. 당장 할 수 있는 가장 작고 사소한 일을 찾는 것이죠. 아주 작고 사소한 일이지만 불을 켜는 스위치가 될 만한 것을 찾습니다. 그래서 귀찮긴 하지만 무리가 되지 않는 것 말이지요.

항상 나 스스로를 설득시키는 것은 원대한 다짐이 아닙니다.

'책 쓰러 가야지.'가 아니라 '카페 가야지.'였지요. 분위기 좋은 카페에서 모닝커피를 마셔야지, 내가 좋아하는 자리에 앉으려면 오전 열 시에는 도착해야지. 이것조차 귀찮으면, 가장 간단한 방법을 찾았습니다. 그것은 바로 페이스북에 글을 올리는 것이었습니다. 지금도 침대에 누워 페이스북에 글을 올리는 것으로, 집필을 시작합니다.

우리는 늘 갈등합니다. 해야 하는 것은 목표, 하고 싶은 것은 욕구 혹은 욕망. 머리는 해야 하는 것을 하라고 설득하지만 몸은 편한 것만을 추구합니다. 사실, 원대한 목표를 달성하기 위해서는 무언가 대단한 일을 해야 할 것 같지요. 그리고 자신이 대단하지 않다는 사실에 두려워 합니다. 내가 잘할 수 있을지 끝없이 의심하고요. 그러나 원대한 것은 아주 사소한 것들이 조금씩 모여서 만들어집니다.

제가 모닝커피를 마시러 갔던 하루, 카페의 자리를 차지하려고 했던 하루, 페이스북에 글을 쓴 하루가 모여 이렇게 책 한 권이 완성되어 가고 있지요. 귀찮음이 많은 저도 이렇게 달성해 가고 있습니다. 그러니 이 책을 읽을 당신이 하지 못할 이유는 뭐가 있겠어요?

주

× × ×

1   de Jong-Gierveld, Jenny and Jos Raadschelders (1982). "Types of Loneliness." Pp. 105-119 in Loneliness: A Sourcebook of Current Theory, Research, and Therapy, edited by Letita Peplau and Daniel Perlman. New York: Wiley.

2   김옥수 (1997). 한국어로 번역된 UCLA외로움 사정도구의 신뢰도 및 타당도 조사. 대한간호학회지 27(4), 871-879.

3   Cacioppo, John T. & Patrick, William (2008). Loneliness: Human Nature and the Need for Social Connection.

4   Hazan C, Shaver PR (1987). "Romantic love conceptualized as an attachment process". 《Journal of Personality and Social Psychology》 52 (3), 511-24.

5   Hazan C, Shaver PR (1987). "Romantic love conceptualized as an attachment process". 《Journal of Personality and Social Psychology》 52 (3), 511-24.

6   Hazan C, Shaver PR (1990). "Love and work: An attachment theoretical pers-pective". 《Journal of Personality and Social Psychology》 59 (2), 270-80.

7   Hazan C, Shaver PR (1994). "Attachment as an organisational framework for research on close relationships". 《Psychological Inquiry》 5, 1-22.

8   Bartholomew K, Horowitz LM (1991). "Attachment styles among young adults: a test of a four-category model". 《Journal of Personality and Social Psychology》 61 (2): 226-44.

9   John. t. Cacioppo., William Patrick (2009). Loneliness: Human Nature and the Need for Social Connection, WW Norton & Company.

10   John. t. Cacioppo., Louise c. Hawkley, ma, I (2002) Loneliness and Health: Potential Mechanisms, Psychosomatic Medicine 64:407-417.

11   Lazarus, R.S. (1991) Emotion and adaptation, New York: Oxford University Press.

12   Freud, S. (1926). Inhibitions, symptoms, and anxiety. SE, 20, 75-174.

13   Rosen, J. B., & Schulkin, J. (1998) From normal fear to pathological anxiety. Psychological Review, 105, 325-350.

14   정서심리학(2007) James W. Kalat, Michelle N. Shiota, 191-212, CENGAGE Learning.

15   Piaget, J. (1951). Play, Dreams and Imitation in Childhood. New York: Norton..

16   Harley, K., & Reese, E. (1999). Origins of autobiographical memory. Develop-mental Psychology, 35(5), 1338-1348.

17   Damon, W., & Hart, D. (1988). Self-understanding in childhood and adolescence. Cambridge University Press. New York.

18   Asendorph, J. B., Warkentin, V., & Baudonniere, P. M. (1996). Self-awareness and other-awareness. II: Mirror self-recognition, social contingency awareness, and synchronic imitation. Developmental Psychology, 32(2), 313-321.

19   Brownell, C. A., & Carriger, M. S. (1990). Changes in Cooperation and Self-Other Differentiation during the Second Year. Child Development, 61(4), 1164-1174.

20   Warneken, F., Chen, F., & Tomasello, M. (2006). Cooperative activities in young children and chimpanzees. Child Development, 77(3), 640-663.

21   Gartstein, M. A., & Rothbart, M. K. (2003). Studying infant temperament via the revised infant behavior questionnaire. Infant Behavior and Development, 26(1), 64-86.

22   Kochanska, G., Murray, K. T., & Harlan, E. T. (2000). Effortful control in early childhood: Continuity and change, antecedents, and implications for social development. Developmental Psychology, 36(2), 220-232.

23   Piaget, J. (1951). Play, Dreams and Imitation in Childhood. New York: Norton.

24   Nicholas Humphrey (1978). Effects of red light and loud noise on the rate at which monkeys sample the sensory environment, Perception 7:343-348 1978.

25   Aronson, E., Wilson, T. D., & Akert, R. M. (2010). Social Psychology (7th ed.). Boston, MA: Prentice Hall.

26   Gerrig, R. J., & Zimbardo, P. G. (2009년). 심리학과 삶 (박권생, 박태진, 성현란, 이종한, 최해림, 홍기원 옮김). 서울: 시그마프레스.

27   Kelley, H. H. (1973년). The processes of causal attribution. American Psychologist, 28(2), 107-128.

28   Heider, F. (1958년). The Psychology of Interpersonal Relations. New York: Wiley.

29   김지영 (2017). 정신과 전문의 윤홍균의 자존감 높이기 수업.

30   Mullen, B.&Riordan,C.A (1988),Self-serving attributions for performance in naturalistic settings: A mete-analytic review,Journal of Applied Social of Applied Social

Psychology,18.3-32.

31 교육학용어사전 (1995) 서울대학교 교육연구소.

32 토머스 길로비치, 이양원·장근영 옮김, 「인간 그 속기 쉬운 동물: 미신과 속설은 어떻게 생기나」 (모멘토, 1991/2008), 117~118쪽; 송동근, 「[송동근의 멘탈 투자 강의] "난 투자에 소질 있나봐" 화려한 착각의 함정」 「동아일보」 2009년 9월 14일.

33 로버트 프랭크·필립 쿡, 권영경·김양미 옮김, 「이긴 자가 전부 가지는 사회: 우리 사회·경제의 자화상」(CM비지니스, 1995/1997), 184쪽.

34 이현수, 「[직장인 심리학 콘서트] 그대의 억울함은 진짜일까?」 「매일경제」 (2013년 3월 13일).

35 토드 부크홀츠, 장석훈 옮김, 「러쉬!: 우리는 왜 도전과 경쟁을 즐기는가」(청림출판, 2011/2012), 302쪽; 진 트웬지·키스 캠벨, 이남석 편역, 「나는 왜 나를 사랑하는가」(옥당, 2009/2010).

36 Freud, S. (1911). Psychoanalytic notes on an autobiographical account of a case of paranoia. SE, 12:3-82.

37 "American Psychological Association. Forgiveness: A Sampling of Research Results."

38 Niendenthal,P.M., Tangney,.P., & Gavanski,I. (1994). If only I were't" versus "If only I hadn't":Distinguishing shame and gult in conterfactual thinking. Journal of Personality and Social Psychology, 67, 585-595.

39 김주환(2011). 회복탄력성: 시련을 행운으로 바꾸는 유쾌한 비밀. 서울: 위즈덤하우스.

40 Fletcher, D., & Sarkar, M. (2013). Psychological resilience: A review and critique of definitions, concepts, and theory. European Psychologist, 18, 12-23.

41 Luthar, S. S., Cicchetti, D., & Becker, B. (2000). The construct of resilience: Acritical evaluation and guidelines for future work. Child Development, 71, 543-562.

42 Ong, A. D., Bergeman, C. S., Bisconti, T. L., & Wallace, K. A. (2006). Psychological resilience, positive emotions, and successful adaptation to stress in later life. Journal of Personality and Social Psychology, 91, 730-749.

43 Vygotsky, L. S. (1962). Thought and Language (E. Hanfmann & G. Vakar, Eds. And Trans.). Cambridge, MA: MIT Press.

44 Vygotsky, L. S. (1986). Thought and Language (A. Kozulin, Trans.). Cambridge, MA: MIT Press (Original work published, 1934).

2장

★

삶이 본래
이렇게 힘든 거라면

★

최선의 선택인줄 알았더니 최악의 선택이었고
최악의 선택인줄 알았더니 최고의 선택이더라.
인생이란.

세상에서 사라지고 싶을 땐
그냥 잔잔하고 고요하게 혼자 있어봐.
진짜 네 마음이 보일거야.
사라지고 싶은 게 아니라
인정받고 싶은 너의 바람 말이야.

윤리적 존재

만약 인간의 삶이 결정되어 있다든지, 본능에 의해서만 살아간다면 '삶의 목적'에 대한
질문은 불가능하다. 인간은 스스로의 선택에 의해 자신을 만들어 나가는 '윤리·도덕적
존재'이기 때문에 이러한 질문도 가능한 것이다.

인간은 무엇으로 사는가.

한 때는 개인의 안위를 위해 살았고, 또 한 때는 성공을 위해서 살았지요. 그리고 한 때는 다른 누군가를 위해서도 살아봤었습니다. 그런데 그것들이 나에게 삶의 안락과 만족과 행복을 가져다 주진 않더군요. 그 뒤로 끊임없이 내 머릿속을 헤집어 놓는 물음.

'나. 지금. 여기서. 뭐하고 있지?'

인간으로 태어나서 무엇을 위해서 살아야만 하는가.

어떤 삶을 만들어 나가야 하는가.

난 지금 잘 하고 있는가.

언젠가 이 시간을 후회하지 않을까.

무엇을 미친 듯이 원하여도 보고, 그토록 원하던 것들을 이루기도 하고, 타 버릴 것 같은 열정으로 죽을 만큼 삶에 열심(熱心)

도 내어 보니 이 모든 것들이 그저 삶의 과정이라는 사실이 깨달아 졌습니다. 저는 아직도 무엇을 추구하고 살아야 하는가에 대해서 계속 탐구 중입니다. 아무도 가르쳐 줄 수 없는 대답이죠.

심리학에서는 우리 삶의 목적은 다름 아닌 '사는 것'이라고 말합니다. 죽기 전까지 잘 살아 있는 것이 인간 삶의 목적이라고 말이죠. 그 목적을 달성하기 위해서 삶에 어떤 의미를 부여하는가는 각자의 몫이라고 하더군요.

다시, 나의 삶에 어떤 의미를 부여해야 하는가를 고민해봅니다. 하지만 언제나 그렇듯이 생존욕구를 이겨내지 못하는 한없이 초라한 인간이라는 사실을 깨닫곤 하지요. 나 참 별 거 아닌 인간이네, 하고 말이죠. 그래서인지 이렇게 힘들고, 미치게, 열심히 왜 살고 있는지 더 궁금합니다.

삶이 본래 이렇게 힘든 거라면
그 고난 속에서 행복을 찾는 게
우리 숙제가 아닐까.

바넘효과(Barnum Effect)

성격에 대한 보편적인 묘사들이 자신과 정확히 일치한다고 생각하는 경향. 이런 심리적 경향을 광고나 정치 선전에 이용하는 경우도 있다.

운명을 믿나요?

저는 사주를 볼 줄 아는 관계로, 스스로 제 사주를 본 적이 있습니다. 사주상으로는 2012년도가 최악이고 점점 나아지더라구요. 실제로 2012년도는 다시 생각하기 싫을 정도로 힘든 시기였습니다. 2012년부터 2년간 쓴 원고가 1500페이지 정도 되었고, 강의 후 회사 일과 직원들 업무를 체크하고 나면 매일 9시가 넘었죠. 밤 9부터 새벽 3시까지 원고를 써야 매일 6~8페이지나마 원고를 쓸 수 있었습니다. 잠 잘 시간이 절대적으로 필요했죠. 프로젝트 끝나면 일주일을 앓아 누웠고, 나아지면 또 다른 프로젝트가 시작되는 패턴이었습니다.

그래도 시기를 견뎌낼 수 있었던 것은, 제 사주상(?) 이 시기만 지나면 나아진다는 믿음이 있었기 때문이었습니다. 아마도 사람들이 힘들 때 사주를 보거나 점집을 찾는 이유는 '현재'를 견뎌낼

'미래의 희망'을 찾기 위함이 아닐런지요.

　재미로 사람들의 사주를 봐주다보면 재미있는 패턴을 봅니다. 사주가 아무리 좋아도 노력하지 않는 사람은 운이 들어와도 별 일 없이 지나갑니다. 사주가 전반적으로 나쁜 사람이라도 노력하는 사람은 아주 작은 운이 들어오더라도 큰 결과를 나타냅니다. 타고난 것이 있어도 노력으로 바꿀 수 있는 것이 사주와 팔자의 의미입니다.

　심리학적 관점으로 보면 어떨까요?
　사주가 맞는지 맞지 않는지는 사실 논할 여지도 없고 의미도 없습니다. 심리학 용어 중에 '바넘효과'라는 것이 있는데, 사주에서 무엇이라고 이야기하던 자신의 이야기라고 믿는 것입니다. 통계적으로 사주를 보는 사람들의 70% 이상이 '바넘효과'에 적용됩니다. 사람들의 반응을 통해서 경험적으로 보면 사주도 보통 70%정도는 맞다고 답한다고 합니다.
　그래서 아이들에게는 사주를 말하지 말라고들 하지요. 사주가 맞든 맞지 않든 그것이 강력한 암시효과가 되어 스스로 그 안에 갇혀 그대로 살아가게 될 수도 있기 때문입니다.
　혹시라도 궁합을 보시나요?
　궁합이 잘 맞는 사람은 굳이 궁합이 아니더라도 서로 잘 맞는

경우가 많습니다. 궁합이 안 맞는 사람 역시 굳이 궁합이 아니더
라도 서로 맞지 않아 갈등이 잦습니다. 궁합을 보지 않더라도 서
로 맞으면 계속 만나고, 갈등이 잦으면 결국 헤어집니다.

궁합 때문일까요? 서로의 성격이나 성향 때문일까요?

'이 또한 지나가리라.'

사주에는 나쁜 시기가 있으면 반드시 좋은 시기가 옵니다.

사주 때문일까요? 삶이 원래 그런 걸까요?

아직 일어나지 않은 일로 스스로를 괴롭히지 마.
너의 인생은 네가 가고자 하는 대로 가거든.
모든 게 불확실해 보이겠지만
네 삶은 너의 선택이 모인 결과란다.

선택의 역설(The Paradox of Choice)[1]

너무 많은 선택권이 주어질 경우 오히려 판단력이 흐려져
소수의 선택권을 가졌을 때보다 더 안 좋은 결정을 하거나 포기하게 되는 현상.

"어릴 적 아버지가 아주 큰 지구본을 사주셔서 꿈이 시작된 것 같아요."

한 외교관의 말입니다. 아버지가 뜬금없이 지구본을 사다 주셨을까? 아이가 지도를 너무 재미있게 보는 모습을 보고 지구본을 사다 준 것일까?

전자든 후자든 결론은 하나입니다. 계기가 무엇이든 재미있게 매일 지구본을 들여다보고 꿈을 키우고 미래를 상상하면서 미래를 준비한 것은 그 자신입니다. 지구본을 사다 준 엄마나 아빠가 아니지요.

우리는 가끔 착각하곤 합니다. 자신이 자녀를 위해서 무언가를 선물하면 아이들은 그대로 따르는 삶을 살 것 같다는 착각. 이것은 반은 맞고 반은 사실과 다릅니다.

아이는 자신이 보는 세상 안에서 꿈을 꾸지만, 자신이 달성 가능할 재능과 관심의 범위 내에서 꿈을 꿉니다.

어느 날, 직업을 선택해야겠다고 생각했던 시기가 있었습니다. 첫 직장에서 정리해고를 당하고 난 후였지요. 무슨 직업을 선택할지 제로베이스에서 시작했습니다. 그리고 가장 먼저 찾은 곳이 바로 잡코리아나 인쿠르트같은 취업포털사이트였지요. 그 사이트를 찾는 대부분의 사람이 취직공고를 검색하겠지만, 제가 검색한 것은 직업의 종류였습니다. 온갖 직업들이 그 안에 있었지만, 내 눈길을 사로잡은 직업은 몇 개 없었습니다.

쇼핑호스트, 강사, 아나운서처럼 사람들 눈에 띄고 '말[言]로 먹고사는(것으로 보이는)' 직업이었습니다. 작가, 컨설턴트, 교수 이런 게 아니었습니다. 건설직, 디자이너 등등의 직업은 보이지도 않았지요. 당연히 내가 못할 것을 아니까.

물론 대학 시절까지 무한한 내 가능성을 믿으며 여러 가지 직업에 껄떡거렸던 적이 있었습니다. 산업디자인이 뭔지는 모르지만 멋있어 보여서 물감 가방 들고 학원 다닌 적이 있었지요. 그리고 얼마 못 가서 깨달았습니다.

'아… 내 직업이 아니구나… 난 베껴서 그리는 것은 할 줄 알아도 새로운 것을 그리는 재능은 없구나….'

잘할 수 있는 재능을 찾는 것도 중요하지만 못하는 것을 찾는 것도 중요하다는 것을 진작 깨달은 셈입니다.

아주 사소한 순간 어떤 이에게는 그저 스쳐 지나가 버렸을 사람, 상황, 사건이었을 수 있습니다. 어떤 것은 숙고를 한 후에 결정해야 했던 것도 있었지만 아주 가볍고도 가볍게 결정한 것들도 많았을 겁니다. 하지만 그 사소하고 우연한 순간에서 의사결정을 한 것은 바로 자신입니다. 그 사소한 순간순간마다 어떤 생각을 하고, 어떤 감정을 느끼고 어떤 태도를 취할지를 '선택'하는 것 역시 자신입니다. '선택'은 가치관, 관심사, 강점에서 비롯됩니다. 어쩌면 그 우연들이 진짜 우연일지도 모릅니다.

가수 김종국 씨가 한 방송에서 이렇게 말했습니다.
"난 디자이너가 꿈이라고 말했었어."
"근데 어쩌다가 가수가 됐어?"
"학교 댄스팀이 있었는데 그땐 학교 짱들만 가입되는 거였어. 그래서 댄스팀에 들어갔다가 가수 하게 됐네."
그 우연한 계기가 시작이 되어 다시 사건 사건들 선택의 순간은 결국 본인의 선택입니다. 계속 갈 것인가 포기할 것인가. 그것 역시 본인의 선택이지요.

삶은
우연한 기회
우연한 선택

우연한 관계
우연한 상황을
거쳐서 지금의 삶을 살게 합니다.
누군가가 억지로 무언가를 인위적으로 만든다고 의도한 대로
흘러가지 않습니다.
그 작은 접촉이 인생의 무언가를 접촉하게 만들고 작은 나비의
날개짓이 태풍을 일으킵니다.

저는 운동신경이 매우 뛰어난 편입니다. 기본 체력도 보통 사람
의 몇 배를 넘지요. 어릴 적 너무 유연해서 리듬체조를 권하는 사
람이 많았습니다. 수영도 다른 사람 따라만 했는데 접영까지 배우
는 데 며칠 안 걸렸습니다. 달리기도 빨랐고 양궁도 잘했습니다.
부모님은 그 모든 제안을 뿌리치고 공부를 시키셨습니다. 공무
원 시키겠다는 부모님의 바람과는 달리 공부 안 하는 문제아였
던 시절도 있었고, 날라리로 직장생활 하던 시절도 있었습니다.
그리고 지금은 체력이 슈퍼우먼급으로, 전국을 배회하는 전국구
강사이자 작가이자 알바 교수(시간 강사)가 되었지요.
그 누구도 설계한 적이 없는 삶. 우연한 상황, 우연한 선택, 우
연한 기회들에서 현재가 되었고 또 우연한 것들로 미래도 어찌
될지 장담할 수 없습니다.
그럼에도 불구하고 무엇이 옳고 그른지, 내가 어떤 삶을 살고

싶은지, 어떤 방향으로 가고 싶은지 나만큼은 알고 있습니다.

과거 우연이라는 이름으로 만난 그 작고 사소한 접촉들에서 우연히 내가 선택한 마음가짐, 내가 선택한 태도, 내가 선택한 그 길들의 막다른 끝에 서 있습니다. 그리고 보이지 않고 누구도 알 수 없는 불안한 미래로 한 발 한 발 내딛습니다. 저뿐만 아니라 거의 모든 사람이 말이지요.

그대가 지금까지 선택했던 결과가 좋지 않았더라도

지금부터의 선택이 당신의 삶을 다른 방향으로 인도할 수 있습니다.

최선의 선택인줄 알았더니 최악의 선택이었고
최악의 선택인줄 알았더니 최고의 선택이더라.
인생이란.

고착(固着, Fixation.)

발달이 더 높은 단계로 진행이 되지 않고 그 단계에서 머무르는 것. 특정 발달 단계에서 지나치게 높은 심리적 만족감을 얻었거나 또는 지나치게 불만족한 상태가 지속되어 발생할 수 있다. 고착은 발달이 진행되지 않고 머물러 있다.[2][3]

"남편이 싸준 샌드위치야."

"대단하다 네 남편. 너 진짜 시집 잘 갔다. 부럽다."

"이번엔 김밥 싸줬어? 시집 진짜 잘 갔네."

매번 정성이 들어간 샌드위치에 김밥까지, 집에서는 매일 아침 밥을 준비하는 남자. 여자의 마음에 걸리는 몇 가지 단점이 있었지만 그래도 사랑으로 극복할 줄 알았습니다. 그래서 결혼을 결심했고, 최고의 선택이라고 생각했습니다.

결혼을 결심하고 시댁에서 처음 들은 말이 "이제 큰며느리 됐으니 생활비 보내라"였습니다. 이 남자의 첫 번째 단점은 찢어지게 가난한 집 장남이라는 것이었지요. 둘이 열심히 벌면 그 정도는 문제가 되지 않을 거라고 생각했습니다. 여자는 자신이 돈을 잘 벌기 때문에 자신이 조금만 더 노력하면 괜찮을 줄 알았습니다. 돈을 더 벌기 시작하자 시댁의 생활비뿐만 아니라 병원비까지 대야만 했고, 더 벌기 시작하자 실직한 시동생까지 떠안게 되었습니다. 여자가 운영하는 회사에 시동생까지 취업을 시켜서 급여를 주기 시작한 것이지요. 어느 날은 시동생이 길바닥에 나앉게 생겼다는 이야기에 집까지 내어주기도 했습니다. 그 덕에 조카를 키워주기도 했지요. 여자는 자신만을 아껴주는 남자를 선택한 것이 최고의 선택이라고 생각했지만 얼마 가지 않아서 최악의 선택이란 사실을 깨달았습니다.

결혼한 지 10년쯤 지났을 때, 드디어 남자가 자신의 특기를 살려서 취업을 했습니다. 결혼 전 자신의 직업 경력을 살려서 프랜차이즈 회사에 입사한 겁니다. 그것도 부사장으로! 드디어 이 살림에도 빛이 들어오나 싶었습니다. 문제는 그 다정하던 남편이 집에 들어오는 날보다 들어오지 않은 날들이 더 많아진 겁니다. 남자는 돈을 벌었는데 여자는 그 돈은 만져본 적도 없이 여전히 항상 가난했습니다. 더는 버틸 수 없어진 여자는 이혼을 결심했습니다. 한편으로는 이 남자가 드디어 결혼 10년 만에 돈을 많이 벌어오기 시작했기 때문에 지금까지의 희생이 아깝기도 했지요.
"이 남자가 돈을 벌기 시작한 지금 헤어지지 않으면 죽을 때까지 헤어질 수 없을 것 같았어요."
지금 한 선택이 최악이라고 생각하면서도 이혼을 결심했습니다.
이혼을 하고 몇 년이 지나고 여자는 전남편에 대한 소식을 들었습니다. 바쁘다는 핑계가 다 다른 여자들 만나느라 바빴던 거였고, 그중 한 명인 술집 여자와 재혼을 해서 살고 있다고 했습니다. 그리고 그 부부는 회생신청을 할 정도로 바닥인 상태였지요. 여자는 최악의 선택인 줄 알았더니 그때 그 이혼이 최선의 선택이었다고 했습니다. 삶은 단편적으로 어느 한 지점을 잘라놓고 평가하기가 어려운 법입니다.

"집에 가면 누가 반기는지 알아요? 강아지밖에 없어요."

"아이들에게서 '아빠 최고' 소리 한번 들으려면 용돈 주는 것 말고는 없어요."

"주말부부라 주말에 집에 가면 다 큰 아이들은 뿔뿔이 흩어져서 각자의 방으로 들어가요."

"제가 무슨 병균을 옮기는 것도 아니고, 정말 외로워요."

40대 중반 가장의 독백입니다. 지금까지 열심히 일을 한 이유는 가족 때문이었는데, 어느 순간 가정에서 아웃사이더가 되어버렸다고 합니다.

우리가 살다 보면 최선을 다해서 선택을 하지만 그 선택의 결과는 최악일 때가 있습니다. 때로는 최악의 선택이라고 생각했지만 최고의 선택일 때도 있습니다. 과거의 선택이 잘못된 것일까요? 절대 그것은 아닙니다. 자신이 옳다고 생각한 것을 실행했을 뿐.

우리는 우리가 보고자 하는 것만 보고 듣고자 하는 것만 듣습니다. 그것을 '가치 여과기(Value filter)'라 하지요.

그 당시 자신의 가치(Value)와 신념체계 내에서는 그 선택이 옳았던 겁니다. 시간이 흘러서 상황이 바뀌고 관계가 바뀌면 자기 자신의 가치와 신념도 상황과 관계에 맞추어 바뀌어 나가야 합니다. 바뀐 상황과 관계가 자신이 바라던 것과 일치하지 않는다면 계속 수정해 나가야 겠지요.

한 사람만의 희생으로 가정이나 관계가 유지되기는 힘듭니다. 시간이 흐르면서 특정한 상황이 반복되면서 그 상황이나 관계가 고착됩니다. 우리는 고착된 상태를 익숙한 상태로 인식하기도 하지만, 고착된 상태를 어느 순간 잘못되었다고 느끼기도 합니다. 여기에서 바뀐 것은 이 상황을 받아들이는 자기 자신입니다.

무언가 잘못되었다고 느끼는 순간을 누구나 경험합니다. 잘못된 것이 아니라 드디어 성장할 때가 된 것입니다. 고착된 상황과 관계를 깨달은 것뿐입니다. 여기서 더 성장할 것인지 그대로 머무를 것인지는 자신이 선택하는 것입니다.

성장하는 것이 두려워서 그 자리에 머무를 것인가

어떤 방향으로 성장할 것인가

그대 인생에서 선택할 날이 곧 올지 모릅니다.

우리가 넘어지고 있을 땐
넘어지는 것이 두렵지만
넘어지고 나면
별 게 아님을 알게 된다.

심인성(心因性, psychogenesis)[4]

증상, 질병의 원인이 기질적인 것이 아닌 정신 혹은 심리적 요인에 의한 현상을 말한
다. 신체기능과 정신기능과의 상호작용 특히 감정이 신체기능에 미치는 영향을 강조
한 정신신체의학 분야에서 강조하는 개념.

"작년에 정말 힘들었거든. 근데 그냥 미련을 버리고 다시 시작하니까 지금 일이 잘 풀리더라."

사업을 하던 지인을 만났습니다.

"그때는 하던 사업을 조금만 더 하면 잘 될 것 같아서 계속 버텼거든… 근데 더 이상은 안될 것 같아서 그냥 욕먹을 각오하고 정리했지."

지인이 그 프로젝트를 포기하지 못했던 이유는 함께 일하는 파트너들한테 욕먹기 싫었던 것도 있었지만, 포기하는 것이 싫어서 끝장 보고 싶은 마음이 컸다고 합니다. 시간이 지날수록 미련을 버리지 못한 자신을 파트너들이 이용하면서 이득만 취했다는 것입니다. 그래도 뭐라도 결과물을 만들고 싶어서 버텼었는데 너무 힘들었다고 털어놓았습니다.

몇 년 전의 내가 떠올랐습니다. 회사의 직원은 5명. 조금만 하면 잘 될 것 같았습니다. 조금씩 직원을 늘리고 일을 늘리면 될 것 같았습니다. 그렇게 빚이 쌓여가고 있었고 버는 것들은 월급으로 끝나고 있었습니다. 심지어 그 당시 (전)남편과 시댁 식구들은 오로지 내가 벌고 있던 그 수입으로 생활을 했었죠.

포기하면 괜히 지는 것 같고 능력이 부족한 것 같고 조금만 더 하면 나아질 것 같았습니다. 미련을 버리지 못했지요. 강의도 경영도 영업도 죄다 꽉 쥐고 그 어느 것도 포기할 수 없었습니다. 그리고 완벽히 엉망진창이 되어가고 있었습니다.

넘어져서 고꾸라지고 있었는데 넘어지지 않으려고 바짓가랑이 붙잡고 엉거주춤 붙잡고 있었습니다. 넘어지지도 못하고 다시 시작도 못하는 그 상태였지요.

버티고 버티고 버티다가 그냥 포기를 선언했습니다. 더 이상은 안 될 것 같다고, 지금보다 매출을 더 높이지 않으면 안 된다고 선언했습니다. 가장 높은 연봉을 주던 팀장이자 시동생이 가장 먼저 찾아와 사직서를 꺼내놓았습니다. 그래도 마지막까지 최선을 다 하고 싶었습니다. 그 직원이 이직할 때까지 석 달 동안 급여를 주면서 기다려주었고, 언제든 면접을 보러 갈 수 있게 배려했습니다.

두 번째로 정규직 강사들이 찾아왔습니다. 먹여 살릴 가족이 없어서인지 일주일 내로 퇴직했고, 두 명 남은 직원에게는 마지막달 급여를 줄 여력조차 남지 않아서 반드시 주겠다는 약조를 하고 보냈습니다. 마지막으로 사무실을 정리했고, 3억의 빚이 남았습니다.

회사와 사무실을 정리하고 그때부터 빚을 정리하기 시작했었지요. 첫 1년간 1억을 정리했고, 나머지를 정리하는 데 3년이 걸렸지요.

사람이 넘어질 때는 넘어지기 싫어서 버티기 시작합니다. 이 상황이 믿기지 않고, 희망이 있을 거라 생각합니다. 그리고 포기하지 않을 것을 알고 있는 누군가는 여기에서 뭐라도 챙기고 뽑아먹으려고 합니다. 어차피 포기하지 않을 누군가가 있으니까. 하지만 넘어져 버리고 나면 그리 아프지 않다는 것을 알게 됩니다. 넘어져야 툴툴 털고 신발 다시 챙겨 신고 걸어갈 수 있습니다.

사람들은 넘어지면 다시 출발선으로 돌아갔다고 생각합니다. 달려가다가 넘어지더라도 첫 시작점이 아니라 넘어진 그 장소에서 '다시' 출발하는 것입니다. 지금까지 달려온 그 거리만큼은 다시 뛰지 않아도 됩니다.

누군가 말했습니다. '포기했을 때가 실패한 것'이라고. 넘어지더라도 다시 출발선을 긋고 시작하면 포기가 아니라 그것은 시행착오가 됩니다.

바쁘다는 말은 시간이 없다는 말이 아닌
시간 관리를 못 했다는 말.
너를 만날 시간만 없을 뿐
다른 사람 만날 시간은 있다는 의미.

노력(努力)

뭔가를 이루기 위하여 몸과 마음을 다하여 애를 씀.

"오늘도 바빴어. 하루 종일 정신이 없었어."라고 말하지만 우리는 다 압니다. 바쁜 와중에도 점심에 식후 커피까지 마시고, 친구 전화를 받고, 거래처 사람과 만나고 일도 했다는 사실을 말이죠. 물론 바빴을 겁니다. 나에게 연락할 시간, 만날 시간만 없었을 뿐이죠.

"바쁘시죠?"

"그러게요. 요즘 참 많이 바쁘네요."

"나중에 언제 한번 식사하시죠."

"네, 바쁜 것을 좀 정리하면 한번 봬요. 연락 드릴게요."

당연히 이 대화의 주인공들은 만나지 못했습니다. 시간이 없는 게 아니라 만나고자 하는 '마음'이 없었기 때문이죠.

우리는 '바쁘다'는 말에 대부분 용서되는 시대에 살고 있습니다. 해야 할 일도 많고 만나야 할 사람 역시 많은 게 사실입니다.

하지만 바쁜 와중에 연락할 사람은 다 연락한다는 것 또한 사실이지요. 본인이 급하거나 중요하다고 여기면, 아무리 시간이 없어도 짬을 내어 연락하고 잠을 줄여 만나는 것이 인간이니까요.

모든 것은 우선순위가 있습니다. 사람도, 관계도, 시간도, 일도 마찬가지입니다. 그 우선순위는 당사자가 결정합니다. 그리고 자신이 정한 순서에 맞추어서 연락하고 만나고 실행합니다.

"내가 우리 가족 먹여 살리려고 이렇게 열심히 일하지, 누구 때문에 열심히 일하냐?"

항상 야근이 일상인 남편에게 일을 줄이면 안 되냐고 물어보는 아내에게 돌아오는 대답은 대략 이런 식입니다. 그게 반복되다 보면 어느 날부터인가 잔소리가 잠잠해집니다. 남자는 생각합니다. 드디어 말을 하지 않아도 서로를 이해하는 단계가 됐다고요.

정말 그럴까요? 입을 닫은 아내의 머릿속에는 오직 한 가지 생각뿐입니다.

"애들 다 커서 시집 장가 다 보내면 이혼해야지."

남자의 진짜 우선순위는 무엇이었을까요? 일이었을까요, 가정이었을까요?

정답은 아주 간단합니다. 시간! 무엇에 시간을 쏟는지를 보면 우선순위를 알 수 있습니다. 당연히 일에 쏟는 시간이 많을 수밖에 없지요. 문제는 퇴근 후 일과 분리된 시간에 '어디에서', '누구와' 시간을 보내느냐 하는 겁니다. 대부분은 자신이 무엇을 관리하는지 잘 모르는 상태로 무언가를 관리합니다. 급한 일을 처리하느라 진짜 중요한 것들을 못하면서 시간을 보내지요.

"저는 지금도 생각하면 눈물 나는 게 한 가지 있어요. 일하느라 아이들이 크는 것을 본 적이 없었죠. 어느 날 갑자기 아이를 봤는데 숙녀가 되어있는 거예요. 아장거리는 아이들의 모습이 머릿속에 없는 게 지금도 가장 큰 한이에요."

실제로 상담을 받는 남성 중에서는 일을 하느라 가족과 시간을 보내지 못한 것을 후회하는 사람이 많습니다. 물론 그들도 할말이 많습니다. 그들의 삶이 상상할 수 없이 고단했다는 것 또한 인정합니다. 하지만 그 모든 핑계에 '가족'을 들이대는 것이 과연 마땅한 것인가 하는 생각이 듭니다. 가족이 필요로 하는 모든 순간에 함께하지 못한 것이 문제가 아닙니다. 결정적인, 중요한 순간조차 매번 함께하지 못했다는 게 문제인 것이죠. 바로 '일' 때문에요.

보통 업무와 관계 등의 우선순위를 다룰 때 '중요도'와 '긴급도'에 따라서 시간을 관리합니다. 하지만 대부분 소중한 일보다 긴급한 일에 시간을 모두 빼앗겨 버리고 말지요. 긴급한 일의 꽁무니만 쫓아다니다 어느새 머리가 희끗해지고 맙니다.

건강, 가족, 친구… 우리에게 소중한 것이긴 하지만 긴급하지 않은 것으로 분류됩니다. 그러다 한순간 건강을 잃고 쓰러지거나, 가족이나 친구가 사라지면 돌연 긴급한 것으로 바뀌어 버리죠. 사실 처음부터 소중하고도 긴급한 것이었는데 말입니다.

이 소중한 것들을 우선순위에 넣으면 당신의 시간은 분명 달라질 겁니다. 아무리 급한 업무 전화라도 가족들과의 시간을 방해할 수 없지요. 아무리 바빠도 소중한 연인에게 바쁘다는 문자 한 통은 보낼 수 있습니다. 우리의 삶은 선택과 집중입니다. 시간도 관계도 일도 결국 선택과 집중을 한 결과물입니다.

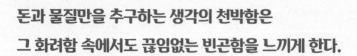

돈과 물질만을 추구하는 생각의 천박함은
그 화려함 속에서도 끊임없는 빈곤함을 느끼게 한다.

상대적 빈곤(相對的貧困)

의식주를 포함하여 특히 문화적인 생활면에서
다른 대상과 비교하여 주관적으로 느끼는 심리적 빈곤.

"술을 마실 거면 가치 있게 마셔야지."

한 남자가 말합니다. 여기서 '가치' 있게 마시란 말은 두 가지
로 해석이 될 수 있지요.

"어차피 마셔서 취할 거면, 숙취 없는 비싼 술을 마셔라."

"어차피 마실 거면, 소중한 사람들과 가치 있는 시간을 보내며
술을 마셔라."

이 둘 중에 무엇으로 해석하는가에 따라서 시간과 돈의 쓰임이
달라집니다.

"백(bag) 샀어?"

"어디거야? 똥이야?"

"역시 똥이라 다르다. 신상이라 예쁘네!"

또는,

"어디서 했어? 진짜같이 자연스러워."

"이 옷은 ○○브랜드 신상이네요?"

"역시 차는 외제차지."

타인에게 보여주기 위한 소비를 하는 사람들이 있습니다. 비싼 명품과 외제차를 구입하는 기준이 '다른 사람'인 것이지요. 그 때문에 능력도 되지 않으면서 억지로 명품을 사들이는 사람들이 있습니다.

명품이 명품인 이유는, 몇몇의 장인이 한 땀 한 땀 제품을 만들었기 때문입니다. 소수의 사람이 소수의 사람을 위해서, '정성'을 들였다는 점을 높이 사는 것이지요. 그러나 지금의 명품은, '정성'이 빠진 채 오로지 브랜드의 가치로만 값이 매겨진 기성품이라고 볼 수 있습니다. 내가 들고 있는 물건이 비싸면 자신도 비싼 것이라 착각하게 만드는 물건들. 사실 그것은 정성이 들어간 게 아니라 그냥 '비싼' 것일 뿐입니다.

만약 가격이 곧 '가치'라면, 그것은 언제나 상대적이기 때문에 더 비싼 물건 앞에서는 언제나 '가치'는 하락하기 마련입니다. 아무리 비싼 것을 구입해도 그 물건보다 더 비싼 것은 세상에 너무 많고 나보다 재력이 좋은 사람들 또한 너무나 많다는 것입니다. 돈으로 가치를 매기게 되면 언제나 더 비싼 것이 있기 때문에 항상 부족함을 느낄 수밖에 없는 것이지요. 돈과 물질만 추구하는 생각의 천박함은 화려함 속 끝없는 빈곤함을 느끼게 만듭니다.

돈에도 죽은 돈과 살아 있는 돈이 있습니다. 우리는 살아 있는 돈을 써야 합니다. 가령, 하룻밤 술값으로 수십만 원을 썼는데 아무도 모르거나, 고마워하지 않는다면 그것은 의미 없는 '죽은 돈'입니다.

반면, 고마운 사람에게 감사의 선물을 하거나, 프로젝트를 끝내고 뒤풀이를 가는 것, 미래를 위해 투자하는 것, 기부를 하는 것 등, 내가 쓰는 돈이 어딘가에서 '가치' 있게 쓰이는 것은 '살아 있는 돈'이라고 할 수 있지요. 돈을 쓸 때는 죽은 것인지 살아 있는 것인지를 잘 판단하고 써야 합니다.

아무 의미 없는 것에 쓰는 돈은 죽은 돈, 그리고 의미 있게 쓰는 돈은 살아 있는 돈. 큰 사업을 하는 분이 말씀해 주신 것입니다. 이제 당신이 정하면 됩니다.

살아 있는 돈(시간)에 가치를 부여할 건가요,

죽은 돈(시간)에 가치를 부여할 건가요?

처음의 설렘은 짧다.
그 설렘을 즐거움으로
계속 유지하는 사람이
결국, 원하는 것을 얻는다.

감정조절[5]

감정조절은 부정적 감정을 없애고 긍정적인 감정을 유지하려고 하거나 긍정적인 감정을 유지하는 방향으로 감정조절을 하는 것이다

"차 박사님은 결혼을 왜 안 하세요?"

정말 집요하게 따라다니는 질문입니다. 실례이기도 하고요. 보통은 "뭐 하러 해요?"라고 받아친다지만, 사실은 대답하기도 귀찮고 곤란합니다. 개인적인 영역이잖아요. 이런 질문을 받으면, 저는 그 의도를 두 가지로 나누어 판단합니다.

첫 번째, 그냥. 정말 그냥 궁금해서. 대화의 주제를 돌리고 싶은 겁니다. 뭐 이런 의도가 다 있답니까. 그리고 두 번째, 질문자 자신에게 하는 질문일 수도 있습니다. 기혼이든 미혼이든 이 경우는, 자신의 결혼에 대해 진지하게 고민하는 중이라고 볼 수 있습니다. 결혼을 하냐 마냐의 문제가 아니라, 좀 더 본질적으로요. 결혼의 의미 그 자체를 탐구하는 중이라는 거지요.

어제 모임에서도 후자의 느낌을 좀 받았습니다. 모임에는 또래들이 많아서, 그런 고민이 좀 더 편하게 튀어나왔나 봅니다. 아내와 아이들을 미국으로 보낸 초보 기러기 아빠는 그렇게 말했습니다. 아이들은 너무 보고 싶지만, 성격이 맞지 않았던 아내를 보내니 마음이 조금 편해졌다고요.

고민이 많았던 이유는 그겁니다. 떨어져서 자란 아이들이 다시 한국으로 들어오지 않을 거라 생각했기 때문이지요. 노년에 누군가의 도움을 받아야 할 때, 아내와 아이들이 곁에 없을 것이라는 겁니다. 역시 모든 인간은 자신의 목적에 매우 충실하지요. 저는 이 말을 듣고, 같은 모임의 다른 병원장인 정신과 의사가 지난달에 한 말이 생각났습니다. 이 분도 초보 기러기 아빠였고요.

"결혼은 인간 본성에 위배 되죠. 현재를 생각하고 해야지 나중에 자녀와 아내가 자신에게 뭘 해줄지를 기대하면 안 돼요. 인생 어떻게 될지 누가 알겠어요?"

이 분은 결혼의 의미에 대해 더 먼저 고민했던 것이지요. 어떤 사람은 결혼을 단지 하고 싶어서 합니다. 퇴근하면 따뜻한 밥이 있고, 맞아주는 아내가 있는. 그런 환상을 채우려고 결혼하는 것이지요. 그런 마음이 들면, 내 곁에 있는 연인과 결혼하거나 다음 연인과 결혼합니다. 이런 사람은 결혼 놀이가 필요한 겁니다.

반면, 어떤 사람은 그(녀)가 없으면 삶이 무의미할 때 결혼합니다. 무엇이 바람직한지는 각자가 판단할 문제지만, 적어도 후자가 더 바람직하단 것에는 대부분 이의가 없겠지요.

그렇다면, 열렬한 사랑만으로 평생 유지가 될까요? 아니요. 인간이든 동물이든, 그리고 물건이든 익숙해지면 정이 들게 되어있습니다. 그 시기에 어떤 선택을 하느냐가 중요하지요. 어떤 사람은 '사랑이 깊어지는 것'을 선택하고, 어떤 사람은 '정이 드는 것'을, 그리고 어떤 사람은 '지겨움'을 선택합니다. 이것은 그저 각자의 선택입니다.

감정은 뇌의 전기신호와 호르몬 분비로 이루어집니다. 뇌와 같은 부위가 자극되더라도, 어떻게 인지하고 판단하는가에 따라 다른 감정으로 느낄 수가 있어요. 결혼생활을 행복하게 잘 유지하려면 노력이 필요합니다.

"마음이 어떻게 내 마음대로 되니?"

마음은 불가항력이 아니지요. 마음은 감정입니다. 호기심은 새로운 것을 알고자 하는 마음, 호감은 상대방에게, 혹은 어떤 것에 가지는 좋은 감정입니다. 때문에, 우리는 감정을 조절할 수 있습니다. 뇌의 같은 부위가 자극되더라도 어떻게 인지하고 판단하느냐에 따라 다른 감정으로 느낄 수도 있습니다. 감정은 호르몬 분비와 뇌의 전기신호로 이루어진다니까요.

그래서 우리는 감정, 즉 마음을 조절할 수 있습니다. 물론 감성이 이성을 이길 때도 있지요. 그러나 이성이 사라지는 것은 아닙니다. 따라서 지겨움과 더 깊은 사랑을 택하는 것은 자기 자신이에요. 따라서 바람 피는 것 역시도 개인의 문제이지 그것은 가정의 탓이 아닙니다. 당사자의 잘못인 것이지요. 핑계가 필요할 뿐입니다. 이것도 습관이고요.

사실, 본성으로 따진다면 결혼하지 않는 게 가장 본성에 가까울 것입니다. 그러나 그것은 자유는 있되 심리적인 안정감은 없는 상태이지요. 인간의 이기적인 본성을 따른다면 결혼을 안 하는 게 맞을지도 모르고요. 결국, 이 길고 긴 숙고의 과정은 우리에게 꼭 필요한 것입니다. 우리가 꼭 사춘기를 겪는 것처럼 말이에요.

저는 이미 생각했고, 결정했어요. 결혼은 반드시 할 겁니다. 그러나 저와 같은 생각을 하는 사람을 아직 만나지 못한 것뿐이에요. 물론 죽을 때까지 못 만날지도 모릅니다. 그렇다고 선택할 기회를 포기하진 않을 거예요. 같은 생각을 하는 사람을 찾을 수 있는 기회야 많으니까요.

**실패로 더 이상 포기할 것이 없을 때가
무엇을 시작하던 가장 적절한 때이다.**

원인분석력[6]

문제를 긍정적으로 바라보고 해결책을 정확히 진단해내는 능력.

"사법고시 준비를 칠 년 동안 했어요. 그런데 사법고시가 이제 없어졌어요. 이제 하고 싶은 일이 없어요. 사법고시가 가장 어려운 시험이라서 꼭 합격하고 싶었는데……."

두 눈이 빨개집니다. 이 아이는 스물아홉, 학교를 졸업한 후 지금까지 사법고시 준비만 했다고 해요. 당연히 합격할 줄 알았고요. 시험이 끝나는 것으로 허무하게 칠 년을 보낼 줄은 몰랐다고 합니다. 할 줄 아는 거라곤 공부, 하다못해 휴식마저도 독서. 이 친구를 보며 제 어린 시절이 떠올랐습니다. 타인에 의해 포기하고 새로 선택했어야 했던 일!

저는 고시 출신입니다. 검정고시. 고등학교 삼학년 때, 담임선생님이 제 의사와는 상관없이 자퇴서를 접수했습니다. 그렇게 고등학교를 잘렸지요. 이유는 간단했습니다. 땡땡이를 치다 걸렸기 때문이죠. 겨울 방학이 한 달 남은 날이었습니다. 그 자퇴서는, 친구가 가출했을 때 집으로 돌려보내지 못한 죄로 쓴 자퇴서였습니다. 친구가 가출한 게 내 탓도 아닌데, 왜 애먼 제가 자퇴를 해야 했는지는 아직도 이해가 가지 않네요. 한 달만 학교에 나가면 수능이었고, 수능이 끝나면 더 학교에 나가지 않아도 됐던 때였습니다. 내 선택도 아닌 타인의 선택으로 고등학교 삼 년이 허무하게 사라졌죠. 그때 나이가 열여덟이었습니다. 처음 삼 개월은 폐인으로 살았고, 그다음 삼 개월은 복수심에 불타올랐죠. 그다음 삼 개월은 현실을 직시하는 데에 쓰고, 그 다음 삼 개월은 세 시간 씩 자며 수능 준비하는 데 썼습니다. 그리고 대학에 합격했어요.

열아홉, 어느 정도 제게 주어진 현실을 받아들일 때 즈음 저는 이력서를 들고 취직하려고 했습니다. 그리고 그 어디에도 취직할 곳이 없음을 깨달았어요. 전 선택해야 했습니다. 이대로 있을 것인가, 아니면 뭐라도 해볼 것인가.

저는 무언가를 해보기로 결정했습니다. 어차피 처음부터 다시 시작하는 것이라면, 가장 멀리 그리고 가장 높이 가야 한다고 생각했어요. 열아홉의 저는 제 삶의 방향키를 틀었습니다. 그 처음 시작은 고등학교 졸업장이었고, 그다음이 대학이었습니다.

대학을 졸업하고 처음 들어간 직장. 이력서 백 통 가량을 넣고 합격한 곳은 대기업이었습니다. 열심히 일하면 정규직 시켜 준다는 말에 정말 열심히 일했습니다. 그러나 대기업도 수익이 나지 않으면 회사를 정리하죠. 입사 일 년 만에 정리해고 당했습니다. 그때가 스물넷이었어요. 정리해고 당하고 난 뒤, 생각했습니다. 절대 잘리지 않는 직업을 가져야겠다. 그리고 신중하게 직업을 고르고 골라서, 지금의 제 직업을 선택했습니다. 직장을 잃은 대신, 직업을 얻은 셈이지요.

우리는 자신의 의지와 상관없이 시련을 겪습니다. 누구에게나 한 번쯤은 와요. 그게 한 번이면 좋겠지만 이런 시련을 참 많이 겪게 됩니다. 이럴 때 어떤 사람은, 남을 원망하는 데 남은 인생을 씁니다. 어떤 사람은 미래를 설계하는 데 시간을 씁니다. 지금까지 한 노력이 아까워 붙잡고 있느라 보지 못했던 새로운 기회를 찾는 것이지요. 이 친구를 마지막으로 만난 지 일 년이 되었습니다. 지금은 새로운 인생을 또 살고 있겠지요. 그 아이에게 선물로 써 준 글이 있습니다.

"반짝반짝 빛나는 보석이 흙 속에 있어. 그 보석을 주워 깨끗하게 씻으면 정말 밝고 빛날 것 같은데, 보석에게 그 자리에 있으라고만 해. 흙이 말이야. 그래서 그 보석은 자기가 보석인 줄 모르고 흙에 머무르려 한다네."

그녀의 좌절이, 다시 그녀를 더 단단하고 빛나게 만들 것이라 다시 한 번 생각해 봅니다.

그 모든 순간을
성장하는 계기로 만들어라.

낙관성(樂觀)[7][8]

현실과 상관없는 무조건적인 긍정성이 아니라 과거와 미래에 대해서 긍정적인 관점으로 재해석하는 능력. - 긍정심리학

십여 년 전의 일입니다. 술 한 잔 하고 대리 운전으로 집에 가다 궁금해서 여쭸습니다. 기사님은 대리 운전을 하게 된 계기가 있냐고요. 오십 대 초반으로 보이는 기사님이었습니다.

"제가 IT 쪽에 있었는데, 해마다 새로운 기술이 나오니 매번 배워야 하는 게 힘들더라구요. 그래서 요즘 힘에 부쳐서 대리운전을 하고 있습니다."

이야기를 듣고 아버지가 생각났습니다. 아버지는 공기업에서 이십오 년을 근무하시고, 제가 대학생 때 명예퇴직을 고민하셨습니다. IMF 때였어요. 그때 아버지 연세는 쉰둘이었습니다. 아버지는 오빠와 저, 남동생 총 세 남매를 키우셨지요. 오빠와 전 대학생이었고 남동생은 고등학교 삼학년이었습니다. 아버지가 다니는 기업에서는 명예퇴직을 신청 받고 있었지요. 문제는, 대학교 학비를 내야 하는 자식이 셋이나 있다는 거였습니다. 아버지는 고민이 많으셨습니다. 아버지께서 사업을 해야 하는지 고민하실 때, 세 남매는 모두 아버지를 말렸습니다. 공기업에서만 근무하셨던 아버지의 사업의 끝이 불 보듯 뻔하다고 생각했기 때문이죠. 사실 이것은 아버지의 제2의 삶이자 진로에 대한 고민이었는데 말입니다. 아버지는 결국, 많은 것을 포기하고 중소기업 엔지니어링 회사에 입사하셨습니다.

아버지가 공기업에서 하시던 일은 토목 분야였습니다. 이직을 한 후, 아버지는 토목기술사 자격증을 따기 위해 공부를 시작하셨죠. 매일 회사근무가 끝나면 혼자 공부하셨고, 주말에는 도서관에서 공부하셨습니다. 그리고 삼 년만인 쉰다섯에 시험에 합격하셨죠. 제가 나중에, 철없는 질문을 한 적이 있습니다. 기술사를 땄으니 다른 곳으로 이직하면, 연봉이 좀 더 많지 않냐고요. 그러자 아버지께선 그러셨습니다.

"내가 어려울 때 받아준 회사다. 토목기술사를 딸 수 있도록 퇴근 후 야근하지 않도록 배려해 주었는데, 다른 곳으로 옮겨서야 되겠니?"

아버지는 이 회사가 다른 회사와 M&A될 때도 급여를 늦게 받을지언정 정리해고 되지도 않으셨지요. 아버지는 십삼 년을 더 근무하셨는데, 마지막 승진은 부사장이었습니다.

"아버지, 부사장님이 되신 거예요? 축하드려요."

그랬더니 아버지가 하시는 말씀. 당신 회사에는 부사장만 열두 명이라나요. 현재 아버지는 일흔둘이시고, 퇴직한 지 겨우 사 년째입니다. 매일 아침 아버지는 집에서 중국어 공부를 하고, 학원을 다니십니다. 아버지에겐 꿈과 목표가 있습니다. 바로 '혼자 중국 여행을 가는 것'이지요. 지금도 부모님 댁에 가면, 매일 아침 중국어 공부를 하시는 아버지를 볼 수 있습니다.

이 이야기를 대리운전 기사님께 말씀 드렸더니 기사님께 얼떨결에 감사인사를 받았습니다.

"제가 오늘 귀한 얘기 듣고 갑니다. 나이가 많아 더는 안 된다 생각했는데, 인제 희망이 생겼습니다. 감사합니다."

한때 전문가였던 이들이 십 년 전의 지식을 가진 채로 안주하다 도태되는 것을 많이 봤습니다. 제가 경력이 얼마 되지 않았을 때, 그리고 열정적으로 공부하던 때 그 사람들이 그렇게 안타까울 수가 없었습니다. 물론 이것 또한, 자만심일지도 모르지요. 십오여 년간 강의를 진행한 지금, 한심하게도 낡은 지식을 그대로 가지고 안주하려는 제 자신에 반성하고 또 반성하고 있습니다. 낡은 지식을 보여주다니, 이 얼마나 부끄러운 일인가요!

강의가 많아 바쁘다는 핑계로, 학위 과정을 해야 한다는 핑계로, 논문을 쓰고, 책을 쓴다는 핑계로, 그리고 내 자만심으로. 우리의 삶은 자만하거나 포기하는 순간, 그대로 도태됩니다.

난 강한 사람이 아니야.
그저 버티고 있을 뿐.

자아낙관성[9]

주어진 상황이 언젠간 좋아지리라는 믿음을 지니는 정도..

한 남자가 자신이 칠 년간 하반신 마비였었던 시기에 대해 말해 주었습니다.

"나는 칠 년간 하반신 마비였어. 자동차 사고가 나서, 오래 병원에 누워 있었으니까 더 열심히 살아야 해. 부모님한테도 더 잘해야 해."

하반신 마비로 평생을 살아야 한다는 진단을 받았지만, 지금은 재활에 성공해 지금은 멀쩡히 잘 걸어 다닙니다. 의지가 대단하단 생각이 듭니다. 어쩌다 사고가 났고, 어떻게 극복했는지 문득 궁금해졌습니다.

남자는 스물여덟에 뜨겁게 사랑했습니다, 결혼식 날을 잡고, 예식장에 들어갈 날만 남은 상태였죠. 그러던 어느 날, 친구에게서 연락이 옵니다.

"이거 말해도 되는지 모르겠는데, 너랑 결혼하기로 한 사람. 모텔에 남자랑 들어가더라. 내가 봤어."

전화를 끊고, 설마 하는 마음으로 모텔 앞에서 기다렸습니다. 그리고 얼마 되지 않아 여자와 남자가 모텔에서 나오는 것을 봤고요. 피가 거꾸로 솟았지만, 결혼을 없던 일로 만들고 싶지는 않았다고 합니다. 친구에겐 입단속을 시켰고요. 그리고 춥던 겨울 어느날, 여자에게서 이별 통보를 받게 됩니다.

남자는 여자의 마음을 돌리기 위해 전화로 설득했으나, 여자의 태도는 완고했습니다. 불안했던 남자는 눈이 쌓인 빙판길을 빠르게 달렸고, 차가 미끄러졌지요. 남자는 하반신 마비 선고를 받았습니다.

정신을 차리니 사고 당일보다 몇 개월의 시간이 지나 있었고, 남자가 깨어날 때까지 여자는 병실에 찾아오지 않습니다. 당연히 남자는 절망했지요. 하반신 마비가 된 것도 모자라, 본인이 생각했던 분홍빛 미래도 사라졌으니까요. 삶을 포기하고 싶었지만, 목숨이란 게 그렇게 질겼답니다.

남자는 시간이 지나고, 여자가 왜 헤어지려고 했는지 이유를 알았답니다. 본인이 모텔에서 나오던 것을 남자가 알고 있다는 걸, 알게 된 것입니다. 모텔에서 같이 나온 남자는 클럽에서 만난 남자였습니다. 결혼식 전, 친구들과 즐거운 시간 보내라고 남자가 보내준 클럽에서 말이에요. 심지어 마음껏 놀라고 카드까지

쥐여 준 상태였습니다. 물론 그 사실을 아무도 모를 것이라 생각했지만, 그렇지 않았던 것이지요. 그녀는 예비 신랑이 자신의 그런 모습을 지켜봤다는 생각에 결혼을 포기했습니다. 그리고 그 사실을 모른 채 자기를 만나러 오다 사고가 난 남자를 더 볼 수 없었지요.

희망 없이 살던 어느 날, 여자가 병원으로 찾아왔습니다. 청첩장을 들고요. 남자는 분노하며 재활을 다짐했습니다. 그리고 3년 만에, 재활에 성공해 두 다리로 걸어 다닐 수 있게 되었습니다.

여자는 다른 남자와 선을 봐 결혼하기로 했는데, 혼전 임신을 했답니다. 그러다 문제가 생겨 파혼하고 지금은 미혼모로 아이를 키우고 있고요. 남자에게 여자와 다시 만나고 싶은 생각이 있냐 물었습니다.

"아니, 이미 어긋난 인연인데 지금 다시 만나 뭘 하겠어. 그냥 행복하게 살길 기도해야지."

다시 물었습니다. 그 힘든 시간을 어떻게 견뎠냐고요.

"견디는 방법이 어디 있어, 그냥 버티는 거지. 나쁜 마음 먹지 않고 버티다 보면 어느새 또 지나가 있더라."

이 또한 지나가리라.

긍정심리학에서는 행복의 자동 온도 조절장치가 있다고 말합니다. 자신이 겪고 있는 상황이 아무리 최악이더라도, 시간이 지나면 본래 자신이 갖고 있던 행복의 수준으로 돌아온다는 거지요. 로또를 맞아서 큰돈을 갖게 되더라도, 시간이 지나면 본래 자신의 행복 수준으로 돌아옵니다. 노스웨스턴 대학 심리학자들의 연구에 의하면, 복권에 당첨된 사람을 연구한 결과 복권 당첨으로 인한 행복 효과는 몇 개월 후에 사라지고 본래의 수준으로 돌아온다고 합니다.

불행한 일을 당하더라도, 시간이 지나면 다시 내가 갖고 있던 행복의 수준으로 그 수치가 변합니다. 심리학자들은, 스스로 행복하기 위해서는 행복의 기준을 높여야 한다고 말합니다. 노력을 통해 얼마든지 향상될 수도 있다는 점도 밝혀졌고요. 우리는 주어진 상황이 더 좋아질 것이라 믿고 우리 자신을 다독여야 합니다. 힘든 일이 언젠가 피가 되고 살이 되는 소중한 경험이 될 것이라고 믿고 버티다 보면, 시간은 지나갑니다.

무기력,

재도약을 위한 휴식의 다른 이름.

감정조절력[10]

압박과 스트레스 상황에서도 평온을 유지할 수 있는 능력.

2015년 봄, 메르스로 대한민국이 정지가 되었습니다. 사람들이 모이는 곳은 모두 전염병 공포로 물들어 있었죠. 사람들은 모이지 않았고 외출도 하지 않았습니다. 혹시라도 사람이 많은 곳이면 마스크를 쓰고 나갔고, 기침을 하는 사람이라도 있으면 그 사람은 왕따 아닌 왕따가 되었습니다. 누가 이 전염병을 몸에 갖고 있을지 아무도 예측할 수 없었습니다. 불특정 다수가 모이는 곳은 가지 않았고 사람들이 모이는 모든 모임과 교육은 취소가 되었습니다. 바쁘게 전국을 다니던 제 일상도 마찬가지였습니다. 하루가 멀다 하고 스케줄 취소 전화가 왔습니다. 한 달 이상의 스케줄은 완전히 취소가 되었고, 해야 할 일도 할 수 있는 일도 없었지요. 내가 아무리 노력한다고 해서 스케줄이 생기는 것이 아니었습니다. 이건 내 능력 밖의 일이니까요.

개인적으로도 문제가 있었습니다. 길고 오래된 관계가 끝이 난 거지요. 그 오래된 관계가 끝이 나면서 인생에 리셋버튼이 눌려진 것 같았습니다. 그리 건강한 관계도 아니었어요. 상대방이 저에게 경제적으로 거의 대부분을 기대고 있었던, 건강하지 않은 관계가 오래 지속되고 있었으니까요. 10년 만에 그 관계를 끝내면서 경제적으로도 파탄이 났습니다. 제가 공중파 방송에도 나오고 책이 출판이 되면서 친했던 사람이 시기와 질투로 묻지마 소송을 하면서 음해성 말들을 지어내기 시작했지요. 고객사에 전화해서 없는 말을 지어내면서, 거래하던 거래처와 거래가 끊기기 시작했습니다. 그렇게 어둡고 어두운 긴 터널이 시작되었죠.

우울증이 찾아왔습니다. 그냥 가만히 있어도 눈물이 났어요. 잠자기 전에도, 눈을 뜨면서도, 샤워하면서, 세수하면서 계속 눈물이 흘렸습니다. 상황을 원망하거나 상대방을 원망하는 것이 아니었습니다. 나 자신을 원망하는 것이었지요.

'왜 이런 안 좋은 관계를 오래 유지했을까.'

'왜 그런 상황에서 밑빠진 독에 물을 부어가면서, 관계 유지를 위해 혼자 노력했을까.'

'이렇게 최악의 상황을 스스로 만들었는데, 메르스로 경제적인 상황까지 멈춰지면서 생활고에 시달려야만 했을까.'

모두 스스로에게 하는 원망과 한탄이었습니다. 제겐 아무것도 남은 것이 없었고 희망마저 없었습니다. 딱히 다른 대안도 없었고요. 할 줄 아는게 별로 없었는데, 메르스로 스케줄마저 모두 취소되면서 무기력이 찾아왔습니다. 계약한 책이 있었지만 단 한 줄도 쓰지 못했습니다. 절망적이었고 미래가 보이지 않았습니다. 그렇게 아무것도 하지 못했고 무언가 시도해볼 수 있는 정신적인 여력이 남지 않았어요. 무엇도 시도하지 못한 상태가 계속 되었습니다. 이런 상태라는 사실을 아는 사람은 단 한 명도 없었습니다. 사람들을 만났을 때는 언제나 밝은 모습이었기 때문이지요.

긴 인생을 살다보면 우리가 아무리 노력해도 상황이 바뀌거나 결과가 바뀌지 않는 상황이 생기곤 합니다. 우리의 통제범위를 넘어가는 일들이죠. 무기력은 이런 상황에서 찾아옵니다. 이를 우울과 동반된 무기력이라고 합니다. 우리가 아무리 상황을 개선하려고 노력해도 바뀌지 않을 것이라고 느껴질 때, 우리 마음속에서는 세 가지가 사라집니다. 첫 번째, 상황에서 벗어나려는 동기가 사라지면서 시도조차 하지 않습니다. 두 번째, 새로운 대처 방법을 배울 기회를 잃어버립니다. 세 번째, 화조차 내지 못하고 우울과 무기력에 빠져버립니다. 이렇게 무기력한 상황에 길들여지면서, 벗어날 생각과 마음이 생기지 않고 벗어날 시도조차 하지 않지요. 동시에 뇌에서는 노르에피네프린이 고갈되면서 뇌와 몸도 무기력에 익숙해지기 시작합니다.

긴 터널을 걷고 또 걸어도 그 끝이 보이지 않더군요. 1년이 지나고 2년이 지나면서 조금씩 터널의 끝에 다다른 듯한 기분이 들기 시작했습니다. 조금씩 그 터널 안에 불빛이 들어오는 것 같았어요. 조금만 더 걸어가면 터널을 빠져 나갈 수 있을 것 같았습니다. 끝날 것 같지 않았던 그 어두운 터널을 완전히 빠져나오고 나서, 그 시기를 다시 돌아봤습니다. 그리고 든 생각. 잘 쉬었구나, 그리고 잘 견뎠구나.

인생에서 힘든 일이 한 가지만 있는 건 아니지요. 생각하지도 못한 힘든 일들이 너무나 다양한 형태로 다가옵니다. 이번이 바닥인 줄 알았는데, 더 깊은 바닥이 있다는 것을 알게 되기도 하고요. 힘든 일이야 항상 있었지만, 그 시기가 이제까지의 인생에서 가장 힘든 시기였다고 말할 수 있습니다. 전 2년이 지나고 완벽히 그 터널을 빠져 나와서, 정신적으로 건강해지고 경제적으로도 완전히 회복했습니다. 그리고 문득 이런 생각을 했죠.
'만약 그 시기가 아니었으면, 정신적으로 신체적으로 회복할 수 있는 기회를 얻을 수 있었을까?'

전국으로 강연을 하러 다니는 직업을 갖고 10년이 넘는 시간 동안 평균 4시간 이상 잠을 잔 적이 없고, 주말이면 쓰러져서 잠만 잤습니다. 항상 강연과 학교를 동시에 다니는 일상을 너무 당연하게 살아왔지요. 친구를 만나지도 않고, 커피숍에 느긋하게 앉아서 커피 한 잔을 마신 적도 없습니다. 강제로 누군가가 쉬라고 시간을 마련해준 것 같았습니다. 그리고 그 시간에 정신적으로 힘들었을지언정 몸은 너무나 잘 쉬었던 게 맞기도 하고요. 어쩌면 정신적으로 힘든 일들을 겪었을 때 도피하듯이 더 많은 일을 했다면 건강을 잃었을지도 모른다는 생각을 했습니다.

우울과 무기력은 세트로 옵니다. 우울하고 무기력할 때는 몸이 늘어지고 근육도 이완되지요. 몸이 우리에게 내리는 명령과 같습니다. 우리의 몸은 이렇게 말합니다.

"좀 쉬어. 너 정말 열심히 살았어. 조금 쉬었다가 몸과 마음이 회복되면 그때 다시 달리자. 쉬면서 우리 다시 한 번 생각해보자. 지금까지 잘 해왔는지, 혹은 점검해야할 것이 있는지. 그리고 점검이 끝나고 나면 그때 다시 달리자."

인생에서 한 번쯤은, 쉬어가는 쉼표도 필요하지 않을까요?

그릇의 크기만큼
빗물을 담아낼 수 있는 것처럼

자기 그릇의 크기만큼
오는 기회를 담아낼 수 있다.

통제의 착각

우연히 일어나는 사건도 자신의 능력으로 통제할 수 있다는 생각하는 것.

사업하는 친구 하나는 돈 버는 법을 기가 막히게 알고 있습니다. 그 친구 사업 분야가 너무 다양해서, 한 번은요. 이런 일은 어떻게 알고 하는 거냐고 물어 본 적이 있습니다.

"돈 버는 일인데 다 하는 거지! 눈앞에 돈이 보이는데."

"우와! 넌 진짜 돈 버는 것에 재능이 타고난 것 같아. 나도 알려 줘! 나도 돈 벌게 해 줘!"

"그래. 내가 알려줄게. 내가 하란대로만 해."

교수인 친구는 학교 다닐 때부터 언어능력이 남보다 뛰어났습니다. 영문과이면서, 일본어를 제2전공으로 선택했더군요. 그런데 2전공인 이 친구가 일본어 전공인 사람들을 모두 제치고 1등을 하니 그것 참 환장할 노릇이더라고요. 한 번은 시험 공부를 하다가 저를 보며 한 문제만 알려달라고 했었습니다. 그 문제의 답을 알려줬는데, 이상하게도 이 친구는 만점을 맞고 알려준 저는 틀렸더라고요. 이 친구는 공부하기 싫다는 말을 입에 달고 살았는데, 캐나다 맥길 대학으로 박사과정에 진학해서는 교수가 되었습니다. 그렇게 지겹다던 공부가 직업이 되었네요.

사람마다 자신의 그릇은 분명 있는 것 같습니다. 같은 것을 보더라도 서로 다르게 받아들이는 것을 보면, 그 그릇이 다른 것도 분명하고요. 자신이 갖고 있는 그릇 크기만큼 기회는 찾아 오게 되어 있습니다. 자신이 갖고 있는 역량만큼의 기회가 찾아온다는 소리입니다. 역량이란, 해당 업무를 수행할 수 있는 능력이지요. 그 일을 수행할 수 있는 지식과, 기술과, 태도를 포함한 경험과 능력을 의미합니다. 직업에서만 역량이 필요한 건 아니지요. 인간관계, 성품, 리더십 등 다양한 관점에서 역량이 필요합니다. 직업의 경우 사람마다 그릇 크기가 다른 것처럼 사실 인간관계도 그렇습니다. 그릇이 더 큰 사람이 작은 사람을 온전히 담아낼 수 있지요.

물론 담은 그릇이 안 된다고 해서 실망할 필요는 없습니다. 자신의 그릇은 그 분야의 지식과 기술을 배우고, 연습하다 보면 기회가 오기 마련입니다. 최선을 다해서 노력하고 시행착오를 겪다 보면, 경험이 쌓이고 그건 곧 능력이 되지요. 조금씩 그릇의 크기를 키우다 보면 더 큰 기회가 오기 마련입니다.

전직 제작자인 이상민 씨가 한 예능에 나와 자신의 빚을 밝힌 적이 있습니다. 그리고 그걸 들은 MC의 반응이 생각나네요.

"상민 씨 그릇이 너무 커서, 엎어진 물도 큰 거예요. 다시 담으려니 오래 걸리는 것 아닐까요."

그릇이 큰 게 좋은 것만은 아니지요. 가장 좋은 것은, 현재 자신이 갖고 있는 그릇의 크기만큼 담아내는 것입니다. 조급할 필요는 없습니다.

**시장에서는 흥정이라 부르고
비즈니스에서는 협상이라고 부른다.**

전략적 사고[11]

'내게 유리하도록 상황을 변화시킬 수 있는 기술'이다. 상대방이 어떻게 행동할 것인지
예측하고 그것에 영향을 미치도록 자신의 행동을 조절하거나 상대방의 입장에서 사고
해 보는 통찰이 필요하다.
전략적 사고는 상대 플레이어 관점을 이해해야 한다.

출강하는 대학 근처에 남대문이 있습니다. 집에 있는 끊어진 액세서리를 수선하기 위해 남대문에 갔었지요. 액세서리 도매상가에서 저는, 눈이 홀랑 뒤집혔습니다. 소매상인인 척하면서, 엄청 주워 담았습니다. 그러나 어떻게 귀신같이 안 건지, 도매가 2500원인 귀걸이를 소매가격인 5,000원으로 팔더라고요. 흥정도 못하고, 현금만 내고 왔습니다.

동대문에 가도 상황은 마찬가지입니다. 새벽에 가면, 도매로 파니 싸게 살 수 있을 거라 생각했습니다. 물론 쇼핑이 체질은 아닌지라 쉬엄쉬엄 하면서요. 그러나 아무리 소매상인인 척을 해도 귀신같이 알아보시고는 역시 두 배로 부르시더라고요. 함께 쇼핑을 하러 간 언니와 떨어지자마자 두 배 부르십디다. 많이 구매해서 소매상으로 보인 게 아니라, 같이 있던 언니가 소매상으로 보였나 봅니다.

159

화분을 사러 양재 꽃시장에 갔습니다. 겨울이라 꽃이 죽는다는 말에, 조화를 사기로 했지요. 조화는 시들지 않으니까요. 조화를 사긴 샀는데, 생화보다 조화가 많이 비싸더군요. 원래 비싼 게 조화라니. 저는 비싼 조화를 산겁니다.

홍정 못 하는 이유를 알았습니다. 보통 사람들은 쇼핑할 때 가격 비교를 해서 최저 금액을 파악하는데, 저는 고르고 나서 금액을 파악하더라고요. 최저금액이건, 평균 가격이건 모르니 홍정을 못할 수밖에요. 저 같아도 안 깎아줍니다.

어디선가 읽은 글이 있습니다. 시장에 가서 콩나물 가격을 깎는데, 어떤 사람은 깎지 않길래 물어 봤답니다. 그러자 하는 대답.

"그 100원 벌려고 시장에 나오시는 건데, 깎아서야 되겠습니까?"

도매상가에서 도매가로 사본 적? 없습니다. 홍정? 해본 적 없습니다. 왜냐고요. 홍정을 못 하기 때문입니다. 도매 시장가서 홍정을 못 한다고 하니, 지인이 호갱이라는 별명을 붙여 주었습니다.

"그거 대충 생각해도 원가 500원에, 도매가로도 아무리 비싸봐야 2500원이야. 개당 오천 원이라고 했을 때는, 2500원 아니면 안 산다고 했어야지."

경외심이 들더군요. 한 번도 액세서리 원가를 생각해 본 적이 없었으니까요.

시장에서는 흥정이지만, 비즈니스에서는 협상입니다. 세상에 협상이 아닌 일은 없지요. 아이와 엄마도 흥정(협상)을 합니다.

"밥 먹고 나서 TV 보자."

"싫어!"

"그럼 밥 다 먹고 난 다음에 후식으로 아이스크림 줄게."

아이는 TV를 끄고 식탁으로 옵니다. 아이가 이겼지요, 밥을 먹고 후식까지 먹으니까 말입니다. 직장에서도 협상의 연속, 그리고 삶까지도 협상의 연속입니다. 협상과 전략에 대한 도서 『전략의 탄생』에서는 전략적 사고에 대해서 이렇게 조언합니다.

'상대 플레이어의 입장을 이해하라!'

가장 전략적인 사고는 상대방의 입장을 이해하는 것에서부터 시작합니다. 사자성어로는 역지사지(易地思之)이고, 심리학 용어로는 공감능력이지요. 상대방의 입장을 이해하는 것이 인지적 공감능력입니다. 가장 좋은 협상은, 파는 사람과 사는 사람이 각자 협상에서 좋은 가격으로 매매했다고 생각하는 금액입니다. 판매하는 사람은 자신이 생각한 금액보다 높게 받는 것이고, 구입한 사람은 자신이 생각한 금액보다 저렴하게 구입하는 것이지요.

의도가 선할지라도
하는 일이 정도(正道)에서 벗어났다면
좋은 사람이 아니다.

윤리(ethics, 倫理)[12]

옳음, 쾌락 등 이상적 가치나 규범에 따라 행동해야 하는 당위.
옳고 그름을 따지는 것보다 '선한 삶'을 추구하는 것으로 가치 있게 사는 삶이나 만족
하는 삶이나 일반적인 도덕 행위보다 더 중요한 것을 지향하는 것.

"여기에 투자해서 매달 돈 받는 사람들이 많아요. 진짜 힘든 사람들이 고맙다고 연락해 주면 얼마나 고마운지 몰라요."

가상화폐에 투자를 하는 투자자문회사에 근무하는 한 사람이 문자를 보여주며 말했습니다. 요즘 가상화폐가 투자하기 좋다고 하면서, 거래소에 상장되기 전에 투자하면 상장된 후에 막대한 시세차익을 얻을 수 있다는 것이지요. 혹시라도 상장이 안 되면 100% 돌려준다는 말에 '이런 투자라면 누가 투자하지 않을까?' 하는 생각까지 들었습니다. 이때가 비트코인 시세가 2,700만 원에서 800만 원으로 떨어지고 자살하는 사람이 생기는 시점이었습니다.

"연예인 지망생들에게 기회를 주기 위한 오디션이야. 그러다 보니 예산이 없어서 너무 힘들어. 기부를 받고 있는데 도와줄 수 있을까요?"

다른 오디션들은 지망생들에게서 오디션 비용을 몇 만 원씩 받는다면서 오디션으로 돈 버는 곳도 있다는 것을 강조합니다. 자신들은 진심으로 아이들에게 기회를 주기 위해, 오디션을 하는 것이라면서 기부를 받습니다. 오디션은 대충 끝내고, 기부금으로는 미용실을 오픈하더군요.

철길 위에서 일하고 있는 다섯 명의 인부가 있는 철로로 빠르게 전차가 돌진하는 상황입니다.

1. 레일 변환기를 작동시키면 레일이 변하면서 전차가 한 명의 인부가 일하는 다른 레일로 방향을 바꾼다.
2. 철길 위에서 무거운 것을 떨어뜨리면 전차가 멈추는데 마침 앞에 덩치가 큰 사람이 있다.

어떤 선택을 하시겠어요? 한 명을 희생하여 다섯 명을 구하는 것은 동일하지만, 하나는 레일 변환기를 작동하고 다른 하나는 직접 밀어버리는 것입니다. 이 테스트는, 영국 철학자인 필리파 풋(Philippa Foot)과 미국 철학자인 주디스 자비스 톰슨(Judith Jarvis Thomson)이 고안한 윤리적 딜레마입니다. 이 딜레마를 바탕으로 진화심리학자인 마크 하우저(Marc Hauser)가 심리실험으로 통계를 집계했지요. 실험 결과 나이, 종교, 문화권, 인종, 학력을 불문하고 레일변환기를 작동시키는 것에는 85%가 도덕적으로 허용할 수 있다고 대답했습니다. 반면에 직접 사람을 밀어서 떨어트리는 것에 대해 도덕적으로 허용할 수 있다고 대답한 사람은 12%밖에 없었지요. 다섯 명의 사람 목숨을 구하는 것은 같지만, 목적을 위해서 수단과 방법을 가리지 않고 하는 것에 대해서는 거부감을 보였습니다. 즉, 좋은 결과를 위해서는 과정의 정당성도 중요하게 생각한다는 것이지요.

가상화폐에 투자하는 것에 관련해서 우연히 변호사님과 얘기했습니다.

"투자가 실패했을 때 100% 환불하는 것에 대해 투자자에게 말했다면, 그것은 불법일 가능성이 높습니다."

기부를 받는 오디션에 관련해서 지인인 비영리 재단 이사장님께 도움을 요청했습니다.

"비영리 재단이나 법인을 설립하지 않고 기부를 받는 것은 불법입니다."

1년이 지났습니다. 투자자문회사의 투자는 돌려막기였고, 곪은 구석이 터져 투자자들은 돈을 돌려받지 못했습니다. 오디션은 끝났고 기부금으로 운영하던 미용실은 결국 망했습니다. 결코 이

상하지 않은 결과지요. 과정이 정당하지 않으면 아무리 좋은 결과가 나온다고 해도 결과를 인정받기는 어렵습니다. 사람이 아무리 괜찮은 사람이라고 해도, 하는 일이 정도에서 벗어났다면 그는 괜찮은 사람이 아닙니다.

성적을 위해 컨닝하면 안 되는 것처럼, 결과가 아무리 좋다 해도 과정이 정당하지 않으면 안 되는 것이지요. 지나친 욕심은 언제나 화를 부릅니다.

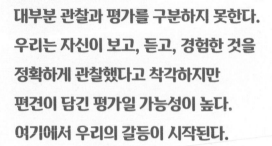

대부분 관찰과 평가를 구분하지 못한다.
우리는 자신이 보고, 듣고, 경험한 것을
정확하게 관찰했다고 착각하지만
편견이 담긴 평가일 가능성이 높다.
여기에서 우리의 갈등이 시작된다.

*

명사수의 오류

어떤 대상에 대하여 이미 마음속에 가지고 있는 고정적인 관념이나 관점.

"저 사람은 뚱뚱하니까 게으를 거야."

버스를 타고 가는데 옆자리에 앉아있는 사람이 뜬금없이 말합니다.

"살 좀 빼지. 게으르면 저렇게 살찌는 거야."

그 말을 듣고 문득 정신 차리고 주변을 둘러봤습니다. 그 사람 말처럼 게을러서 살이 쪘다면, 걸어가기도 힘들어 보이는 사람이 있을 것 같았지요. 하지만 그런 사람은 보이지 않고 약간 통통한 귀여운 여자가 지나가는 겁니다. 아마 옆에서 그 말을 하지 않았다면 통통하다는 인식도 못할 정도였습니다. 전혀 알지 못하는 사람의 외모를 평가하는 것도 모자라서 게으르다고 말하는 사람은 어떤 사람일까요? 오히려 이 말을 한 사람이 누군지 확인하려고 돌아봤습니다. 그냥 평범한 사람이었습니다. 어디에나 있을 법한 그냥 평범한 사람이었습니다. 너무나 평범한 사람들이, 너무나 평범한 얼굴을 하고, 너무나 아무렇지 않게 다른 사람을 평가합니다.

본인이 있는 그대로 관찰하고 있는지, 자신의 편협한 편견이 가득 담긴 평가인지조차 인지하지 못하면서 말입니다.

"저 사람은 못생겼으니까 인기 없을 거야."

"아직 결혼 못한 것 보니까 어딘가 하자가 있나 봐."

"쟤네들 밤새 놀다가 이 시간에 들어가는 것 봐. 쯧쯧."

외모와 관계없이 인기가 많은 사람이 얼마나 많은가요? 결혼을 못한 게 아니라 아쉬울 것 하나 없는 비혼주의자거나 밤새 일하고 퇴근하는 20대의 스타트업 대표일 수 있지 않을까요? 인간은 오감(시각, 청각, 촉각, 후각, 미각)을 통해서 외부의 정보를 받아들이지만, 하나도 빠짐없이 기억하지 못합니다. 만약 사진 찍은듯이 기억한다면 그것은 병입니다. 받아들인 정보를 두 개의 필터가 여과해서, 마지막에는 아주 적은 정보만 인지하지요.

첫 번째 필터가 지식여과기이고 두 번째 필터가 가치여과기입니다. 지식여과기에서는 차곡차곡 기억의 서랍에 분류해서 나눠 넣습니다. 가치여과기에서는 분류된 것을 '좋다', '나쁘다', '중립적이다'로 평가하여 분류합니다. 두 가지 필터를 거치고 나면 객관적인 상황 그대로 완벽하게 보존되어 인식되기란 불가능하지요. 자신이 지각한 현실세계는 사실 개인이 지각한 지극히 부분

적이고 주관적인 세계입니다. 그러나 그조차도 인지하지 못하기 때문에 지나가는 사람에 대해서 너무 쉽게 험담하고 평가하는 것이지요.

옷이며 얼굴이 지저분한 한 남자를 길거리에서 마주친 한 여성이 아이한테 말했습니다.

"저 남자 보이지? 니가 공부를 해야만 하는 이유란다."

이 남자는 이 말을 듣고 여성에게 물었습니다.

"저를 보면서 하신 말씀인가요?"

여성이 당황하는 사이에 남자가 말을 이었습니다.

"공부해야 하는 이유가 지저분한 옷을 입고 있는 제가 의학박사 소지자이기 때문인가요? 아니면 생명공학 회사를 운영하고 있는 CEO이기 때문인가요? 그것도 아니면 산악자전거를 타고 와서 물을 사러 왔기 때문인가요?"

관찰과 평가를 구분할 수 있을까요? 물론 불가능한 일은 없습니다. 그 사람의 행동을 있는 그대로 기술할 수 있다면 관찰에 해당하지요. 하지만 '좋다' '나쁘다'와 같이 긍정적이나 부정적인 감정이 들어가 있거나 자신의 주관적인 판단이 들어가 있다면 그것은 평가입니다.

1. '저 사람이 빠르게 지나갔어.'
2. '저 사람이 급한 듯이 빠르게 지나갔어.'

1. '이번 주에 두 번 지각하던데 지각하지 맙시다.'
2. '이번 주에 자주 지각하던데 지각하지 맙시다.'

객관적인 상황은 같을지라도 의미는 달라집니다. 우리가 어떻게 평가하는지에 따라서 내뱉는 말이 달라지기 때문입니다. 매순간 객관성을 유지하고 중립적으로 말하고 행동하기 위해서 노력하는 것은 꽤 성가시고 힘들게 느껴질지 모릅니다. 하지만 단순한 표현이라고 할지라도, 판단을 하지 말고 객관적이고 눈으로 보여지는 사실 그대로를 표현하려고 노력하는 것은 필요합니다. 아주 사소한 것처럼 보이지만 편견 가득한 평가를 담은 말과 행동 혹은 글은 오해를 불러일으키고 불필요한 갈등을 만들어내기 때문이지요. 우리는 사람과 상황을 있는 그대로 인정하고 받아들일 수 있는 능력이 필요합니다.

그대의 생각과 말과 행동이
그대의 인격이다.
지금 그대는 무슨 말을 하고 어떤 행동을 하고 있는가?
사회가 나아가야 할 방향인가,
옳고 그름에 대한 말인가,
그대의 미래에 대한 말인가,
아니면 그저 타인에 대한 말인가?

성숙한 인격(人格)[13]

성숙한 인격은 한 개인의 내면의 심리적인 문제나 갈등에서부터 자유로운 상태나 갈
등의 지배를 받지 않는 상태이다. 그 갈등을 넘어서 자신의 이기적인 관심과 생각을 초
월해서 윤리적이고 도덕적이고 보다 높은 가치를 지향하고 발전해나가는 삶의 태도를
가지는 것.

SNS를 하다 보면 눈살을 찌푸리게 만드는 글을 쓰는 사람들을 종종 보게 됩니다. 자신과 정치성향이 다른 정치인 얘기만 나오면 그렇게 욕을 써댑니다. 직업도 멀쩡하고, 나이도 마흔이 넘고, 사회적 지위도 있어 보이는 사람이 정치 얘기만 나오면 흥분을 가라앉히지 못합니다. 무심코 SNS에 들어왔다가 욕을 읽고 있는 사람은 무슨 죄인가요? 단지 그 사람과 SNS 친구라는 이유만으로 욕을 한 사발 먹고 있습니다.

몇 년 전 카페에 앉아서 책을 쓰고 있는데 옆에 한 테이블에 앉아서 고상하게 대화하고 있는 중년 여성 네 명의 대화가 귀에 들어왔습니다.

"지난주에 그분 안 나오셨죠?"

"네. 일 때문에 못 나오셨다고 하시더라고요."

"그 분 퇴직하셨다고 하던데…"

"그렇다고는 하시는데 사실 정리해고 당하셨대요."

"그런 말씀 없으셨는데…"

"그분이 회사에서는 인정을 못 받았던 것 같아요."

"하긴… 대화를 해 보면 좀 답답하긴 하더라구요."

고상한 외모에 우아한 모습과 달리 실제 대화 내용은 다른 사람들에 대한 험담이 대부분이었습니다.

10대 아이들의 거침없는 욕설을 보면 어른들은 혀를 차면서 합니다.

"가정교육이 문제야."

아직 성장기에 있는 아이들의 욕설이나, 잘못된 행동은 어른들이나 부모가 혼을 내면서 가르칠 수도 있고, 배울 수 있는 기회 또한 많습니다. 하지만 그 누구도 가르쳐 줄 사람이 없는 성인의 잘못된 행동은 안타깝기보다 슬픕니다. 아무리 화장과 비싼 옷으로 치장해도 입에서 나오는 말이 알려주는 그들의 천박함은 가릴 수 없으니 말이지요. 나이가 들어감에 따라서 인격도 성숙해지면 좋겠지만, 인격적 성숙은 나이와 상관도 없고 지식과 학력과 경제적 능력과도 상관이 없습니다.[14]

'얼마나 자신의 삶에서 중심을 잡고 성장해 나가는가.'

'주변 이웃과 건강하게 관계를 맺고 살아가는가.'

'얼마나 정서적으로 안정이 되어 있는가.'

'상황을 왜곡하지 않고 제대로 인지하는가.'

'자기 자신을 얼마나 냉철하게 객관적으로 바라볼 수 있는가.'

생각해보면, 꿈을 갖고 있고 그 꿈과 목표를 달성하기 위해서 매일 매일 노력하는 사람들은 다른 사람을 험담할 시간이 없습니다. 다른 사람에 대해서 입에 올릴 시간도 없고요. 이는 자신이 성숙해지는 과정만큼 주변 사람들도 성숙해질 수 있는 기회입니다. 어떤 말을 하고 어떤 행동을 하는지가 바로 그 사람 자체를 말해 줍니다.

어떤 사람을 만나면 삶을 열심히 살고 싶어지는 사람이 있습니다. 만나서 잠시 시간을 보내기만 해도 주변이 환해지는 사람이 있고, 좌절과 실패를 겪고 있는 사람을 일으키는 말을 기둥 같은 사람도 있습니다. 그저 존재만으로 사회에 긍정적인 영향을 미치는 사람이 있는 사람이 있는가 하면, 그저 가십으로 주변사람을 험담하거나 연예인들 기사에 악플을 달면서 멀쩡한 사람들을 멍들게 하는 사람들도 있지요. 세상엔 참 다양한 사람이 있습니다.

세상의 모든 것을 다 가졌던 소위 엘리트 코스를 밟은 사람이 있었습니다. 하지만 나이 40에 억울한 누명을 쓰고 20년형을 선고받았습니다. 집안은 풍비박산 났고 그 많던 재산은 다 사라지고 없었지요. 지금까지 이 남자를 따르던 수많은 제자들과 동료들은 등을 돌렸고 손가락질했습니다. 끝이 보이지 않는 길고 긴 터널에 갇힌 이 남자는 우연히 책 한 권을 읽게 되었습니다. 그 책을 읽고서는 결심했습니다. 학문을 계속 하기로요. 그는 수학에서부터 천주교에 이르기까지, 모든 학문의 대가가 되었습니다. 다산 정약용의 이야기입니다.

사람은 누구나 이런 극적인 좌절의 순간과 실패의 순간을 겪습니다. 어떤 이들은 좌절과 실패를 겪는 사람을 손가락질하고 험담하기도 하지만, 어떤 사람은 손가락질을 당하는 그 순간조차도 자신을 버리지 않고 나아가야 할 길을 찾고 전진합니다.

相在爾室尙不愧于屋漏(상재이실상불괴우옥루)

다른 사람을 깔아뭉개고 험담하고 시기심과 질투심에 상대방의 안 좋은 점만 확대해서 보는 것은 자신을 높이는 것이 아니라 오히려 낮추는 것입니다. 자존심의 시작은 자신의 부끄러움을 아는 데에서부터 시작하지요.

聖可學乎日可有要乎 静虛則明 明則通(성가학호왈가유요호 정허즉명 명즉통)

누구나 끊임없이 배우면 탁월해질 수 있습니다. 배움에는 지식만을 말하는 것이 아니지요. 삶의 태도나 겸손함, 자신에 대한 반성도 배워야하는 영역에 해당합니다.

어떤 사람이 되고 싶은가요? 내가 누구인지를 알기 위해서는, 어떤 말과 행동을 하고 있는지 보면 됩니다. 당신이 지금 하는 말과 행동이, 당신의 인격입니다.

익명성(匿名性).

타인을 향한 무기가 될 수도 있다.

탈 개체성[15]

집단 속에서는 자의식이 약화되고 평소의 개인적 신념과 모순이 되는 행동을 저지르기가 수월해진다. 구성원들의 밀도가 높을수록 폭력성향이 커지고 탈 개체성이 심할수록 과격한 폭력이 나타난다.

15년 전쯤 사촌오빠와 어딘가로 가던 중 차사고가 나서 시비가 있었던 적이 있었습니다. 그 차는 중학교 학원 버스처럼 보였는데 그 버스의 잘못으로 생긴 사고였지요. 그 버스 안에 있던 여중생들이 안에서 꽤 소란스러웠는데 그 가운데에 사촌오빠에 대한 욕이 들려왔습니다. 그러자 사촌오빠의 아내가 화가 나서 말했습니다.

"하고 싶은 말 있으면 나와서 얼굴 보고 말해!"

그러자 일시에 조용해졌습니다. 아무도 자신의 얼굴을 드러내고 싶지 않았던 것이지요.

SNS 찌라시가 유포되어서 경찰이 최초 작성자를 찾았습니다. 그저 방송가에 떠돌던 소문을 지인들에게 알려주기 위해서 작성한 것이, 50번의 전달들 속에서 완성되었죠. 최초 유포자는 이 정도로 퍼질 줄 몰랐던 듯했습니다.

"이 정도로 커질 줄 몰랐습니다. 죄송합니다."

글쎄요, 당사자들에게 미안해서 사과하는 것일까요. 아니면 자신이 처벌받게 되어서 사과하는 것일까요. 익명 속에 숨어서 'Ctrl+c/Ctrl+v'가 죄가 될 줄 몰랐다가 죄가 된다고 하니까 무서워져서 사과한 것이 아닐까요. 이렇게 익명 속에 숨어서 다른 사람들에게 피해를 주거나 잔인한 일을 벌이는 경우가 너무나 많습니다. 연예인들의 기사에 달리는 덧글에는 아무런 죄의식 없이 악플을 다는 사람들이 넘칩니다. 악플이 달릴 만큼 나쁜 사람들이었을까. 사실 악플을 다는 사람들은 그것을 하나의 배출구로 이용하지요. 연예인들의 기사에 악플을 단 사람들을 조사해보면 오히려 30대~50대의 직장인에서부터 대학 교수까지 정상적인 사람들뿐이었습니다.

하버드 대학의 로버트 왓슨(Robert Watson) 연구팀이 24개 문화권의 자료를 조사하였습니다. 전투에 나선 전사가 변장을 하거나 몸에 색칠을 하는 등 자신의 정체성을 가릴수록 학살을 한 경우가 많았고, 포로에 대한 고문이나 신체절단 등의 가혹행위가 심했다는 연구 결과를 발표했지요. 그렇습니다. 자신을 드러내지 않을수록 사람들은 더 잔인해지지요. 북아일랜드에서 발생한

500건의 폭력 사건을 분석한 결과, 변장했을수록 사람들에게 더 심각한 부상을 입혔습니다. 또한 더 많은 사람을 다치게 하고, 사건 이후에도 피해자들을 지속적으로 괴롭히는 성향이 발견됐지요.[16] 그렇다고 범죄자나 폭력 성향이 있는 사람에게만 이런 익명성이 강력하게 나타나는 것일까요?

사실 이런 익명성의 효과는 나이를 가리지 않고 나타납니다. 초·중·고등학교 학생들이 가장 두려워하는 시기가 바로 '학기 초'입니다. 학기가 시작될 때 친구들과 잘 사귀지 않으면 1년이 괴롭기 때문이지요. 친구를 사귀고 친해졌어도 그 친구들 중에서 영향력이 있는 아이와 갈등이라도 생기면 갑자기 왕따를 당하기도 합니다. 현재는 더욱 빈번한 일이 되었지요. 플로리다 대학의 스콧 프레이저(Scoot Fraser)연구팀도 초등학생들을 대상으로 연구를 진행했습니다. 초등학생들의 학교 축제에서 학생들이 다른 아이들과 힘을 겨루면서 놀게 했지요. 처음 시작은 평상시의 옷차림으로 놀이를 시작하다가 놀이가 끝나기 전에 변장을 하고 몇 분 더 놀게 했습니다. 변장 용품을 착용하자마자, 상대를 거칠게 밀어버리거나 넘어뜨리는 등의 공격적인 행동의 비율이 42퍼센트에서 82퍼센트로 높아졌습니다.[17] 익명성이 상대방을 공격하는 무기가 아니라 긍정적인 성장으로 이용될 방법은 없을까요?

사회성은 한 개인이 사회 안에서 적응하고 살아가는 것을 말합니다. 사회적인 인간은 그 사회의 규칙을 잘 지키는 사람입니다. 사회적 인간이 되기 위해서 사회의 조화를 깨트리는 사람을 발견하면 심판자를 자처하는 것도 사회성의 한 가지 방법이 될 수 있습니다. 자신이 규칙을 지키는 것도 사회성이고, 규칙을 깨트린다고 '생각하는' 사람을 발견했을 때 지적하는 것도 사회성이지요. 사실 그 어떤 상황에서도 다른 사람을 공격하지 않는 이상적인 경우는 거의 없다고 보면 됩니다. 인간은 본능적으로, 나름 조화로운 사회를 만들기 위해 심판자의 역할을 자처하고 수행하면서 자신의 역할에 대해 만족감을 느낍니다. 이렇듯, 인간이 하는 모든 행동의 동기는 사회성에서 찾아야 합니다.[18]

일리노이 대학의 에드 디에너(Ed Diener)도 할로윈 축제에서 익명성이 범죄에 미치는 효과에 대한 연구를 입증했습니다. 시애틀의 1350명의 어린 아이들이 할로윈 변장을 하고 곳곳의 가정을 찾아가서 사탕을 달라고 했습니다. 실험에 참여한 스무 채의 집에서 실험 연구 보조자들은 찾아오는 아이들의 절반에게는 이름을 물었고 나머지 절반에게는 이름을 묻지 않았습니다. 그리고 탁자 위에 놓여있는 사탕과 돈을 두고 자리를 비운 후 아이들을 관찰했습니다. 이름을 물어보지 않은 아이들의 57%는 허락 없이 사탕과 돈을 가져갔습니다. 이름을 물어본 아이들의 경우, 7.5%

만이 허락 없이 사탕과 돈을 가져갔습니다.

수백 명의 덧글 속에서도 자신이 드러나 있다면, 조심하기 마련입니다. 몇 년 전만 하더라도 인터넷 실명제를 발표하자 많은 네티즌들이 언론 통제라며 비판을 한 적이 있었지요. 그러나 실명으로 전환하고 나서는 악플이 이전만큼 심하지는 않았습니다. 지금은 기술적으로 모든 것이 연결되고 정보가 공개되면서 페이스북 계정이나 카카오톡 계정으로 편하게 로그인이 됩니다. 자신이 스스로 자기의 정보를 노출하기 시작했지요. 자신을 공개할수록 같은 말이라도 조심하게 됩니다. 심리연구에 따르면, 주변에 자신을 바라보는 시선이 있다는 사실만으로 규칙을 더 잘 지키게 됩니다. 주변의 시선이 없다면 거울을 통해서 자신을 볼 수 있을 때 자의식이 높아지면서 더 양심적으로 행동하지요.

사람들이 많이 지나다니는 공공장소에서 거리를 지나가는 행인들에게 간단한 설문조사를 했습니다. 지나가는 그 행인들의 주관적인 행복지수를 조사한 후 무작위로 5달러에서 20달러의 사례금을 주었습니다. 사례금의 액수와 관계없이 절반의 사람에게는 자신을 위해서 돈을 쓰라고 했고, 나머지 절반에게는 다른 사람에게 선물을 하거나 기부를 하라고 했지요. 그날 저녁에 전화를 걸어서 다시 주관적인 행복 지수를 측정하자, 다른 사람에게 선물을 하거나 기부를 한 사람들의 행복지수가 더 높게 나타났습니다. 사이언스지에 발표된 이타성과 행복에 관한 연구입니다.[19]

모든 행동은 자신에게 심리적인 충족감을 줍니다. 인간은 다른 사람을 위해서 행동할 때 만족하게끔 진화되어 왔지요. 타인을 비판하는 것도, 타인을 돕는 것도 사회성의 산물입니다. 행복한 삶을 누리기 위한다면 비판을 하는 시간을 보내는 것이 나을까요? 아니면 돕는 시간을 보내는 것이 나을까요?

오드리 햅번이 말했습니다.

"더 나이가 들면 손이 두개라는 것을 발견하게 된다. 한 손은 너 자신을 돕는 손이고 다른 한 손은 다른 사람을 돕는 손이다."

인성이 갖추어지지 않은 전문가가
방향을 제시하는 것은
인류에게 재앙과도 같다.

도덕성(morality, 道德性)

어떤 사물이나 상황 등에 대하여 옳고 그름을 판단하고 바르게 행동하는 능력
인간의 거울 신경세포는 감정이입 및 공감능력에 중요한 역할을 한다.[20] 타인의 다른
생물들이 경험하는 것을 공감함으로써 사회적 행동의 진화와 궁극적으로는 도덕적 능
력이 진전될 수 있게 한다.

"저는 장애인과 함께 식사하면 밥이 목으로 넘어가지 않아요."

식사를 하는데 한 명이 이렇게 말을 하는 겁니다. 그 사람은 지금까지 살면서 장애인을 주변에서 본 적이 없다고 했습니다. 만난 적이 없었기 때문에 몸이 불편한 사람과 함께 식탁에 앉아서 식사를 하면 뭔가 목에 걸린 것 같고, 불편해서 음식이 안 넘어간다는 것이지요. 우리는 장애인에 대한 대화에 이어서 강아지에 대한 대화도 나눴습니다.

"저도 집에 강아지를 키워요. 그런데 얼마 전에 아파서 병원을 다녀오고 나서 사람들이 왜 강아지를 버리는지 이해가 되더라구요."

강아지가 아파서 병원에 데려갔는데 병원비가 너무 많이 나왔다는 것입니다. 물론 생각은 자유입니다만 그 사람의 생각에 공감하거나 동의할 수 없었지요. 앞으로 마주치고 싶지 않았습니다. 성정이 나쁜 것보다 더 최악인 것은, 그 사람의 기본적인 관넘이 나쁜 것입니다. 제가 뭐라고 남의 도덕성이 이렇다 저렇다 판단하겠어요, 다만 약자를 대하는 태도에서, 우리는 인성을 알 수 있습니다.

"그런 콘텐츠는 구독자의 눈을 잡기 힘들어요. 요즘은 LGBT (성소수자)가 얼굴 가리고 자신들의 성생활 얘기까지 해요."

유튜브에서 많은 구독자를 만들기 위해서는 자극적인 콘텐츠라야 가능하다는 얘기입니다. 지극히 마케팅의 관점이지요. 사회적 도의니 뭐니, 그런 것은 없습니다. 중요한 것은 구독자의 수와, 좋아요 개수입니다. 잘못된 사고방식을 갖고 있는 사람이 유튜브나 SNS에서 영향력을 갖게 되면서 사회 곳곳이 혼란스럽습니다. 사고방식은 숨기기 어려운 것입니다. 그렇게 생각하니 그렇게 말하게 되고, 자연스레 행동으로 나타나는 것이지요.

심리학자 반두라(Albert Bandura)는 보보 인형 실험을 통해서 다른 사람의 행동과 결과를 관찰하는 것만으로도 모방학습이 가능하다는 증명을 보였습니다.[21] 3~6세의 아동을 대상으로 실험했습니다. 첫 번째 실험은 오뚝이인 보보 인형을 어른이 신나게 때리는 것을 10분간 지켜보게 하는 것이었습니다. 이 아이를 보보 인형이 있는 다른 장소로 데려가자 어른과 똑같이 때리기 시작했습니다. 두 번째 실험은 영상으로 진행했습니다. 보보인형을 때리는 것은 동일하지만 결말이 각기 달랐지요.

1. 보보 인형을 때린 어른이 칭찬을 받고 선물을 받았습니다.
이 영상을 본 아이들이 가장 공격적인 모습을 보였습니다.
2. 보보 인형을 때린 어른이 욕을 먹고 처벌을 당했습니다.
이 영상을 본 아이들이 가장 덜 공격적인 모습을 보였습니다.
3. 보보 인형을 때린 어른은 보상도 처벌도 받지 않았습니다.
이 영상을 본 아이들의 공격성은 중간이었습니다.

다른 사람의 행동과 결과를 관찰한 것만으로도 행동에 영향을
받는다는 것입니다.

SNS를 하다 보면 제 입으로 전문가라고 하는 사람들의 글들을
접하게 되는데, 지식이 많다고 해서 그 사람의 가치관까지 훌륭
한 것은 절대 아닙니다. 변호사 중에도 양아치? 많습니다. 환자를
가장 위해야 할 의사가 환자에 대한 예의가 없고, 교수 중에서도
꼰대 기질 가득한 사람? 정말 많습니다. 다른 사람에게 영향을
미칠 수 있는 것에는 전문적인 지식, 정보, 인격, 지위 등 여러 가
지가 있습니다. 사실, 다른 사람보다 더 많은 정보와 지식을 갖고
있고 사회적인 위치 또한 가지고 있다면, 사회가 어떻게 하면 올
바르게 나아갈 수 있을지에 대한 고민을 치열하게 해야 합니다.
그리고 중립적인 위치에서 그것을 전해야 하지요. 가치관이 지극

히 개인적이거나 이기적인 사람, 품성이 안 좋은 사람이라고 할 지라도 직업이 좋거나 사회적인 지위가 높아보이면 동조하는 무리가 생기기 마련입니다. 그리고 비슷한 사람들이 모여서 그들만의 리그를 만들지요. 비슷한 사람끼리 모여 있으니까 옳고 그름을 판단하지 못하고 그들끼리 여론을 만들기도 합니다. 그들만의 리그가 옳다고 말하면서요.

물론 이 세상에 정답은 없습니다. 그러니 당연히 다양한 입장을 고려할 수 있는 유연성이 필요하지요. 다수의 이득이 중요하지만, 그러나 약자 보호도 중요합니다. 개인의 존중과 이익이 중요하듯이 사회적 가치도 중요하고요. 대치되는 것들이 공존하고 있는 게 세상입니다. 불편하더라도 우리가 감수해야 하는 일이 반드시 있기 마련이고요.

공감 능력은 인지적 공감과 정서적 공감으로 구분합니다. 인지적 공감은 타인의 입장과 관점을 이해하는 공감입니다. 정서적 공감은, 타인의 감정을 이해하는 것입니다. 동일시가 아닌 '이해'가 바로 공감입니다. 이 모든 것들의 기반은, 사실 공감입니다.

그대를 성장시키는 것은 그대를 힘들게 할 것이다.
만약 그 힘듦이 그대를 갉아먹어
나락으로 떨어진다면
반드시 멈추는 용기가 필요하다.

거부(拒否)

아닌 것은 아니라고 말할 수 있는 용기, 부당한 상황에 맞설 수 있는 용기, 그리고 저항.

도박중독자 가족을 위한 워크샵을 진행하는 중 만난 여성은 남편이 8년째 도박중독이었습니다. 결혼하고 얼마 후부터 도박에 빠져서 8년간 10억을 도박에 날렸고 아내는 그 중 8억의 빚을 갚았다고 합니다.

"모으려면 못 모았을 돈이지만 빚이니까 갚아지더라구요."

직장생활을 하면서 투잡, 쓰리잡까지 해 가며 빚을 갚다 보니 삶에 찌들고 지쳐있는 모습이 역력했습니다.

"그래도 남편이 도박 빼고는 속 썩이는 것은 없어요."

'도박 빼고'라는 표현에서 이미 모든 것을 설명이 되었습니다. 여자는 남편의 도박, 그리고 빚에 쫓겨 희망도 없고 미래도 없이 현재에만 갇혀 있었지요.

지인인 한 남성이 아내와의 관계에 대해 상담을 요청했습니다.

결혼하면서 집에 생활비를 천만 원씩 가져다주었답니다. 최근 새로운 사업에 투자를 하느라 그것의 반 정도만 생활비를 준지 5개월 정도 되었다고 했고요.

"당신 그 약속도 못 지켜? 그러고도 당신이 남자야?"

사랑하는 아내에게 무엇을 해줘도 아깝지 않았다고 했습니다. 아내 가족의 빚까지 갚아 주었지만, 생활비 반 토막에 한 순간에 능력 없는 남편이 되고 말았지요.

우리를 성장시키는 것은 우리를 힘들게 만듭니다. 꿈을 이루는 과정에서 겪는 좌절은 우리를 성장시키지요. 꿈을 이루기 위해 잠을 포기하고 공부하거나, 장인들의 기술을 전수받기 위해 일하며 배우거나. 기회를 얻기 위해서는 지금 당장 결과가 나오지 않더라도 꾸준히 노력해야 합니다. 어차피 꿈을 포기할 것이 아니라면, 좌절이라고 할지라도 이왕이면 즐겁게 하는 게 낫지요. 어느 정도의 희생과 인내도 즐기면서요. 하지만 그 성장을 위한 것들이 죽고 싶을 만큼 힘들 수도 있습니다. 병을 불러 올 수도 있지요. 그것이 신체의 병이든, 마음의 병이든 말입니다. 그럴 때, 우리는 재점검이 필요합니다.

관계에서도 재점검이 필요할 때가 있지요. 가족이라는 이름 하에 이뤄지는 희생. 미래를 위한 투자나 희생이라고 생각할 수도 있으나, 그것은 보통 한 명을 희생시키고 만들어낸 위태로운 관계입니다. 단란한 가정을 위해서는, 가족들 각자가 의견을 모아야 하지요. 집을 사기 위해 같이 저축하거나, 편찮으신 부모님이 있을 땐 형제가 돌아가면서 돌보거나. 혼자만의 희생이 아닌 공동의 희생이 중요합니다. 비뚤어진 행복은, 그것에 안주할 게 아니라 점검을 해야 합니다.

2장 ★ 삶이 본래 이렇게 힘든 거라면

여자는 도박중독자인 남편과 대화를 시작했습니다. 남편은 자신이 퇴근하고 집에 돌아왔을 때, 아내가 밥을 해주면 좋겠다고 하더군요. 남편은 따뜻한 가정이 그리웠던 겁니다. 일을 하느라 야근을 하던 아내를 원망하며 텅 빈 집에서 또 다시 도박을 하는 행동으로 이어져왔던 거였죠. 이어 아내는 도박빚을 남편에게 직접 갚으라고 말했습니다. 그리고 3개월이 지나자 한층 밝은 얼굴이 되어 제게 고맙다는 말을 전했지요.

남자 또한 생활비에 대한 대화를 시작했습니다. 투자한 것이 언제 결과가 나올지 모르겠으니 지금 당장은 참아주면 안 되겠냐고요. 그러자 아내가 그랬습니다. 머리로는 이해하는데, 서운해서 말이 독하게 나오니 이해해 달라. 막말을 참지 못한 남자는 결국 이혼을 감행했습니다.

가끔 모든 것을 포기할 각오로 멈춰야 할지도 모릅니다. 그러나 그것이 두려워 아무것도 하지 못한다면, 힘듦을 있는 그대로 받아들이는 방법밖에 없지 않을까요?

주

×　×　×

1　　Barry Schwartz. (2004). Paradox of Choice, Harper Perennial .

2　　Freud, Sigmund. The Standard Edition of the Complete Psychological Works of Sigmund Freud Vol 1(1895), London: Hogarth Press (1950).

3　　Freud, Sigmund. The Standard Edition of the Complete Psychological Works of Sigmund Freud Vol 10(1909), London: Hogarth Press (1955).

4　　교육심리학용어사전 (2000). 한국교육심리학회. 학지사.

5　　Clark,M.S.,& Isen,A.M.(1982).Toward understanding the realationship between feeling stated and social behavior.InA.Hastorf & A.M.Isen(Eds).Cognitivesocalpsychology, 73-108. Amsterdam :Elsevier,North-Holland.

6　　김주환 (2011). 회복탄력성. 위즈덤하우스, 70-72.

7　　권석만 (2008). 긍정심리학: 행복의 과학적 탐구. 서울: 학지사.

8　　Dweck, C. S. (1975). The role of expectations and attributions in the alleviation of learned helplessness. Journal of Personality and Social Psychology, 31, 674-685.

9　　김주환 (2011). 회복탄력성. 위즈덤하우스, 70-72쪽.

10　김주환 (2011.3). 회복탄력성. 위즈덤하우스.

11　전략의 탄생 (2009) 애비너시 딕시트, 배리 네일버프 저, 쌤앤파커스, 이건식 역.

12　Singer, P. (1993) Practical Ethics, 2nd edition (p.10), Cambrdige: Cambridge University Press.

13　Allport, G. W. (1955). Becoming: Basic Considera- tions for a Psychology of Personality. New Haven: Yale University Press.

14　Allport, G. W. (1955). Becoming: Basic Considera- tions for a Psychology of Personality. New Haven: Yale University Press.
Allport, G. W. (1961). Pattern and Growth in Per- sonality. New York: Harcourt College Pub.

15　Silke A.(2003). Terrorists, Victims and Society, Psychological Perspectives on Terrorismand its Consequences, New York, Wiley,

16   Fussell P., A la guerre, Psychologie et comportements pendant la Seconde Guerre
      mondiale, Paris Seuil (1992), p.128.

17   Zimbardo P., The Lucifer Effect : Understanding How Good People Turn Evil, New
      York, Random House (2007), p. 302.

18   Baumeister R., The Cultural Animal, Oxford, Oxford University Press (2005).

19   Cohen A. B., Rozin P., "Religion and the morality of mentality", Journal of Personality
      and Social Psychology (2001), 81, p.697-710.

20   Giacomo Rizzolatti. et al.(1996). Premotor cortex and the recognition of motor
      actions, Cognitive Brain Research, 3 131-141.

21   Bandura, A. (1962). Social learning through imitation. Lincoln: NE, University of
      Nebraska Press.

2
장
★
미
주

3장

좋으면 좋다,
싫으면 싫다 말하는 게
그렇게 어려워?

그대 인생에 도움이 되는 것에 몰입하라.
자신의 삶에 몰입하지 않은 사람일수록
타인에게 눈을 돌려 타인의 삶을 간섭하고
타인에 대한 말을 전달하고 타인과 자신을 비교한다.

애야,

사람들의 진심을 너무 믿지 마라.

그들은 자신의 진심이 무엇인지 잘 모른단다.

그 진심이 빠르게 변하기도 하지.

거기에 상처받기에는

너는 너무 소중한 아이란다.

언젠가 너의 그 마음을 소중히 할 사람과

마음을 나눠도 된단다.

라포르(rapport)[1]

'마음이 서로 통한다' '무슨 일이라도 털어놓고 말할 수 있다' '말한 것이 충분히 이해된
다'고 느껴지는 관계.

제품의 수명주기와 관계의 수명주기.

　경영학을 전공했다면 한 번쯤은 제품의 수명주기에 대해 들어본 적 있을 겁니다. '제품의 수명주기'란 신제품이 출시된 후의 진화과정을 설명하는 분석틀입니다. 남녀관계에도 이런 수명주기가 존재한다는 생각을 해보게 됩니다.

　〈도입기-성장기-성숙기-쇠퇴기〉[2]

　물론 관계의 관점에 대한 이론은 있습니다. 캔 블랜챠드는 두 명 이상으로 구성된 팀이 성과를 내기까지의 팀의 발달수준을 '팀 발달단계'로 설명하는데요.

　〈형성기-혼돈기-규범기-갈등기-성취기〉[3]

이것에 대해서는 나중에 따로 다뤄보기로 하고, 저는 수명주기로 생각해봤습니다. 헤어진 두 남녀의 관계를 보면 4단계와 같은 과정을 거치는 것 같습니다.

먼저, 관계의 도입기.

신제품이 나오면 새롭고 신선하기 때문에 사람들이 많이 찾듯이 새로운 사람을 만나면 보고 또 보고 싶고 떨리고 설레하지요. 서로에게 자신을 인식시키고자 하고 기존의 습관에서 벗어나서 서로에게 맞추기 위해서 노력합니다. 그래서 매력적인 물건을 갖고 싶고, 사고 싶어하는 마음처럼 상대에게 다가가고 친해지려고 합니다. 이때는 자기판촉비용이 들어가서 지출이 높습니다. 아마도 사귀기 전, 썸의 시기가 아닐까요?

그다음, 관계의 성장기

상대방을 만족시키면 서로 만나는 시간이 늘어나면서 성장기로 들어갑니다. 긍정적인 이미지를 만들면서 서로에 대한 친밀감과 신뢰감을 만들어가게 됩니다. 이 시기에 마케팅 전략을 세우듯이 상대방에게 자신을 마케팅하고 상대방의 동선을 확인하고 일정과 생활 패턴을 파악해서 맞춤 전략을 시행하는 시기입니다.

관계의 성숙기.

자주 만나고 충분히 신뢰가 형성되고 나면 관계의 성장이 둔화되기 시작하는 시기가 옵니다. 그때가 관계의 성숙기가 아닐까 싶은데요. 이 시기에는 지출하는 마케팅 비용을 줄이고 접촉하는 시간을 줄여도 편안해지는 시기이죠. 이 단계에서 도태될 관계는 시들해지고 관계가 유지될 커플의 경우 관계구조가 재조정됩니다. 더 적극적으로 노력하거나 포기하거나 선택하는 시기가 오는 것이지요.

마지막, 관계의 쇠퇴기.

이 시기에는 관계를 정리해야 하나, 유지해야 하나를 고민하게 되는 시기입니다. 만약 이 시기가 도래했다면, 그건 그저 언제 정리할지를 고민하는 고민이 아닐까요?

각 시기를 오래 가질수록 관계의 수명주기가 길어집니다. 이 시기들이 짧을수록 빨리 관계가 정리됩니다. 세상의 모든 이치는 비슷하지요? 쇠퇴기로 들어설지, 성숙한 관계가 계속 유지될지는 온전히 두 사람의 노력이 만드는 것이겠지요.

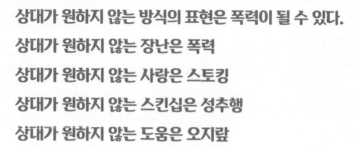

상대가 원하지 않는 방식의 표현은 폭력이 될 수 있다.

상대가 원하지 않는 장난은 폭력

상대가 원하지 않는 사랑은 스토킹

상대가 원하지 않는 스킨십은 성추행

상대가 원하지 않는 도움은 오지랖

공감(Empathy)[4][5][6]

다른 사람의 심리적 상태를 그 사람의 입장이 되어 느끼는 것을 통해서 지각하는 방식.

매일 세 번씩 전화를 걸어오고, 1년간 하루도 빠짐없이 문자를 보내오는 남자가 있었습니다. 제가 운영하는 블로그에 매일 덧글을 달았고, 가끔 저를 위한 시를 지어서 보내주기도 했지요.

다른 어떤 남자는 저에게 발 사이즈와 함께 운동화를 신는지 구두를 신는지 물어왔습니다. 뭐가 편한지 알면 사서 집으로 보내겠다고 말이죠. 장을 보면서도 집에 무엇이 필요한지 물으며 자신이 장을 보는 김에 보내겠다며 전화를 걸어왔습니다. 괜찮다고 해도 막무가내였지요.

또 다른 남자는 나에게 투자를 하겠다고 연락을 걸어왔습니다. 자신의 모아둔 돈을 나를 위해서 쓰고 싶다고, 다른 건 바라지 않는다고. 그저 내가 그 돈으로 잘되길 바란다고, 그것만으로 충분하다고 하더군요.

저는 이 세 명의 남자가 누군지 모릅니다. 단 한 번도 본 적이 없고 이름조차 모릅니다. 이들은 그저 블로그, 페이스북, 인스타 그램에서 내 강의 사진과 글, 그리고 내가 끄적거린 일상을 보고 말을 걸어오는 사람들일뿐입니다. 일면식도 없고 이름조차 모르는 그들이 꼭 연인에게 하듯 해오는 이 행동들을 어떻게 받아들여야 하는 걸까요? 또라이, 스토커, 정신병자 정도가 적당하리라 생각됩니다.

한 친구가 공중화장실에 갔다가 이상한 소리가 들려 변기 위로 옆 칸을 봤더니 마스크를 쓴 남자가 있더랍니다. 여자 화장실에! 그 이상한 남자는 경찰서에 잡혀갔지만, 이 친구는 그날 이후로 아직까지도 혼자 공중화장실에 가지 못합니다. 자신의 만족을 위해 여자 화장실에 숨어든 남자가 범죄자이자 정신병자라는 건 모두가 공감할 겁니다. 그럼 이건 어떨까요?

모임에 처음 나온 여자가 즐거운 듯 크게 웃고 있습니다. 장난을 치려는 듯 옆에 앉은 남자의 턱 아랫부분을 치는데, 갑자기 얼굴 가격을 당한 남자는 화가 나서 표정 관리가 잘 안 되는 것이 보입니다. 남자는 분위기를 망치기 싫었는지 바람 쐬러 다녀오겠다는 말을 남기고 다시 그곳에 나타나지 않았습니다. 아마 이 이야기를 여자에게 한다면 "그냥 장난친 건데…"하며 남자를 속 좁은 사람 취급하겠지요. 정작 피해자와 가해자는 누구인가요?

교도소에 투입된 상담사들이 강간범들에게 자주 듣는 말 중 하나가 이런 말이라고 합니다.

"그 여자들도 좋아했어요. 좋아해놓고 신고한 거라고요!"

성폭행 사건이 알려지면 일부 사람들은 피해자를 향해 책망하듯 말하곤 합니다.

"옷을 야하게 입으니까 그렇지."

"그렇게 밤늦게 다니니까 당하지."

"우리가 모르는 뭔가가 있겠지."

여성가족부의 '전국 성폭력 실태조사'에 따르면 성폭력이 일어나는 원인에 대해 49.3%가 '성폭력은 노출이 심한 옷차림 때문에 일어난다', 48.7%가 '여성들이 조심하면 성폭력을 줄일 수 있다'고 응답했습니다.

2017년 9월에는 미국 캔자스 대학교에서 '무슨 옷을 입고 있었어?(what were you wearing?)'라는 전시회가 열렸는데요. 18건의 성폭력 피해 생존자에게 기부받은 옷으로 이루어진 전시회였습니다. 그런데 우리 편견과 달리 옷들은 하나같이 트레이닝복처럼 야하지 않은 옷이었습니다. 다시 한 번 물어볼까요? 성폭력 사건의 가해자와 피해자는 누구입니까?

한 아이가 학교폭력 가해자로 지목당했습니다. 학교로 불려온 가해자의 부모가 피해자 앞에서 말합니다.

"내 아이 잘못이 아니에요. 저 애가 왕따 당할 만한 짓을 했겠죠."

이 사건의 가해자와 피해자는 누구입니까?

나와는 먼 이야기일까요?

누구나 또라이가 될 수 있습니다.

누구나 가해자가, 또는 피해자가 될 수 있습니다.

모임에서 상대를 불편하게 만드는 무례한 행동이나 말을 했다면 그 사람은 가해자입니다.

자녀의 의사와 관계없이 강요한 삶을 살게 하는 부모 역시 가해자입니다.

아이가 견디지 못하는 훈육은 가정폭력이고, 상대방의 동의 없는 연애는 스토킹이며, 친구의 의사와 관계없는 장난은 학교폭력이고, 판매 직원에 대한 배려 없는 갑질 또한 폭력입니다.

이런 상황에서 피해자에게 해줄 말은 단 하나입니다.

"네 잘못이 아니야."

세상에는 내가 원하지 않는 일이 참 많이 벌어지지만, 인간의 존재와 인권에 대한 존중이 없는 행동들은 모두 폭력이 될 수 있음을 잊지 말아야 합니다.

그대 인생에 도움이 되는 것에 몰입하라.
자신의 삶에 몰입하지 않은 사람일수록
타인에게 눈을 돌려 타인의 삶을 간섭하고
타인에 대한 말을 전달하고 타인과 자신을 비교한다.

샤덴프로이데(schadenfreude)[7]

아무 이유 없이 남의 불행에 대해 기쁨이나 쾌감을 느끼는 심리 상태.
켄터키대학 심리학과의 리처드 스미스(Richard Smith) 교수는 이 심리 현상에 대해 "우리는 자신의 존재 가치, 즉 자존감을 얻기 위해 끊임없이 남보다 우월한 부분을 찾기 위해 비교를 시도하는 뇌구조를 갖고 있는데, 남보다 더 나은 부분을 발견했을 때 느끼는 쾌감이 자신의 열등감을 극복하고 자존감을 회복하는 데 도움을 준다"고 설명한다.

전직 목사이자 지금은 북코치 명함을 가진 한 사람이 있었습니다. 저에게 읽어보라며 책을 몇 권 건넸는데, 제 취향이 아니었지요. 기억하기로 직접 사서 준 선물이 아니라 누군가에게 얻은 책을 준 것이었습니다.

지금으로부터 10년 전 그 당시에도 저는 온라인 교육 과정 개발을 하고 있었는데, 그 일이라는 것이 보통 한 가지 주제로 100장 이상을 원고로 쓰는 작업이라, 글쓰는 것과 관련된 책을 군이 읽어야 할 필요성을 느끼지 못했습니다. 조금 더 덧붙이자면, 매달 10권씩 책을 읽고 있는 데다 매달 읽고 싶은 책도 너무 많았기 때문이지요.

이 전직 목사님의 특징 중의 하나는 만나면 꼭 누군가에 대한 험담을 하는 것이었습니다.

자신이 목사 옷을 벗게 된 것도 남 탓.

자신이 지금 일이 안 되는 것도 남 탓.

자신이 지금 갈등 때문에 단체에서 소외된 것도 남 탓.

언제나 내가 모른 사람의 이야기였고, 그에 대해선 아는 바가 없으니 그냥 잘 들어주기만 했지요.

그런데 한번은 운영하던 회사 직원과 만나는데, 이 전직 목사님이 그 근처에 있다며 그 자리에 들르고 싶다는 의사를 전해왔습니다. 가볍게 커피 한 잔 하는 자리였으니 합석해도 괜찮겠다 싶었지요. 헤어지고 나서 직원에게 연락이 왔습니다.

"저, 소장님. 아까 그분하고 친하세요?"

"아니, 그냥 아는 지인이야."

"아, 말씀드리기 조심스러운데⋯ 아까 소장님이 화장실 가신 사이에 소장님 험담을 하시더라구요."

험담할 정도의 갈등도 없었고, 관계가 나쁘긴 커녕 오히려 좋은 편에 속했던지라 황당함이 밀려왔습니다.

"무슨 말을 했는지 물어봐도 되겠니?"

"소장님은 책을 안 읽는다고 하더라구요. 책을 몇 권 드렸는데 아직도 안 읽었다고⋯"

이 얘기를 듣고 나서 그 사람과는 연락을 끊었습니다. 꽤나 집요하게 여러 방법으로 연락이 왔지만 그냥 답을 안 하니 그 사람도 연락을 포기했지요. 그 사람이 매번 얘기했던 그 다른 사람들의 험담은 그저 습관적인 푸념과 세상에 대한 불만의 표현일 뿐이었습니다.

"내가 담임 목사로 있던 교회에서 음해해서 쫓겨났잖아요."

"와이프하고는 대화가 잘 안 돼요. 교회에서 나오고 나서부터는 계속 대화가 제자리예요."

"지금 우리 협회 지부장이 사람들을 모아서 저를 쫓아내려고 해서 지금 머리가 아파요."

이런 말로 시작하면서 그 사람들에 대한 험담이 이어졌습니다. 그저 '험담이 습관인 사람'이었지요.

"쟤 코 한거잖아. 코를 해도 어쩜 저렇냐?"

"쟤는 지가 예쁜 줄 아나 봐~"

"쟤 가방 누가 봐도 그 브랜드에서 제일 싼 라인인데 너무 당당하게 들고 다니는 거 아니니?"

만나기만 하면 남 얘기하느라 여념이 없는 사람이 있지요. 지나가는 사람에, 함께 아는 지인도 모자라 그 자리에 함께 있는 사람까지도 입에 오르내립니다. 잠시 화장실도 가면 안 되는 '웃픈 관계'에서 더 나아가지 못합니다.

그런 사람은 자신이 무슨 말을 하고 있는지 거의 '의식'하지 못합니다. 자신이 그 말을 하면 당사자의 귀에 들어간다는 생각조차 하지 못하고 그저 재미로 열심히 말합니다. 그냥 대화의 주제가 온통 '남'입니다. 그것을 제외하고 할 말이 없기 때문이지요.

"원래 남 얘기가 젤 재미있는 법이야."

남 얘기가 진짜 재미있는 것일까? 천만의 말씀! 사람들은 본래 자신의 관심사가 제일 재미있는 법입니다. 이성에 관심이 많으면 이성에 대해서 대화할 때 제일 재미있는 법이고, 일에 관심이 많으면 일에 대한 대화가 제일 재미있는 법이고, 취미에 푹 빠져 있으면 취미에 대해 말할 때가 제일 재미있는 법이지요. 자신의 삶에서 흥미롭고 호기심 넘치게 몰입할만한 것이 없기 때문에 '남의 얘기가 가장 재미있는 것' 뿐입니다.

특별한 관심사가 없는 사람은 그저 눈앞에 있는 사람, 자신의 주변에서 일어난 쓰잘 데 없는 일, 주변 사람들 밖에 보이는 것이 없을 뿐입니다. 자신의 삶에 충실한 사람은 꿈과 미래, 그리고 현재의 노력에 대해서만 말해도 며칠 밤을 새우면서도 말할 수 있습니다.

못난 사람은 남의 험담을 하면서 자신의 삶에 만족하지만, 자신의 삶에 충실한 사람은 남에게 눈을 돌려서 그들의 삶을 지켜볼 시간이 없습니다.

더 괜찮아지게 될 내일의 내가 더 궁금하기 때문이지요.

누구나 가면을 쓰지만
누구도 가면을 계속 쓰고 있을 수 없다.

대인 기만 이론[8][9]

대인간 상호작용 속에서 서툰 거짓말 탐지기

사람들이 다양한 상황에서 어떤 발화 행위를 했을 때, 자신이나 다른 사람에게 상처가
되거나 갈등을 조장할 수 있는 말보다는 상대방의 장점을 강조하려는 경향성이 있으
며, 상대방과 관계를 후퇴시키지 않거나 발전시키려는 목적으로 정직하지 못한 모습
을 보이고 있다.

"저 카드 치는 거 좋아해요."

한 여자가 말하자 남자가 다른 여자를 가리키며 말합니다.

"쟤도 카드 치는 거 좋아하던데, 둘이 카드 치면 되겠네."

그 말이 끝나자마자 두 여성은 머쓱하게 눈을 마주칩니다. 당연히 그건 둘이 카드를 칠 마음이 없다는 것을 확인하는 눈빛 교환일테지요.

"둘이 어떻게 만났어요?"

한 커플에게 물어봅니다.

"오빠랑 취미가 비슷해요. 골프치는 거, 카드치는 거, 게임하는 거 다 비슷해서 대화가 잘 통해요."

문제는 커플모임에서 카드를 여자들끼리 치라고 하거나, 게임을 여자들끼리 하라고 하거나, 골프를 여자들끼리 치라고 한다면

219

또 이 여성들은 머쓱하게 웃을 겁니다. 당연히 '여자들끼리 할 생각이 없다'는 듯 말이지요.

이 여자들은 진정 이것들을 취미로 좋아하는 것일까요? 공감대를 형성하기 위한 미끼가 대부분입니다. 자신이 놀고 싶은 '물'에 끼기 위한 공감대 말이지요. 그럼 이렇게 억지로 끼워 맞추듯이 취미를 배우고, 끼워 맞춰서 상대와 가까워지는 것이 얼마나 갈까. 억지로 배우는 과정에서 자신이 몰랐던 재미를 느꼈다면 모를까 대부분은 그 '가면'을 오래 가져가지 못합니다. 상대방을 유혹하기 위해서 잠시 가면을 쓰고 연기할 수는 있어도 그 '가면'을 평생 쓸 수는 없는 법입니다. 본래 잡아놓은 물고기에 미끼를 쓰지 않는 법이니까요.

"시간되면 밥 먹으러 와. 맛있는 거 사주고 싶어서 그래."
바빠서 시간이 안 된다고 몇 번을 거절해도 못내 서운해서 일부러 시간을 빼 식사 자리를 찾았습니다. 그런데 가보니 모르는 사람이 잔뜩 있는 모임이었지요. 이 사람은 나를 위해서 식사하자는 것이 아니었습니다. 자신의 모임에 나를 깜짝 이벤트로 초대한 이유는 책도 출간하고 유명한 사람을 지인으로 두고 있다는 것을 자랑하고 싶은 것뿐이었습니다. 진심이 조금이라도 있었다면 그 조금만큼은 나를 신경 쓰고 배려했을 텐데. 일이 밀려

한 시가 아까운 사람을 초대해놓고 정작 자신은 그 자리에 없었습니다.

'여긴 어디? 나는 누구?'

처음의 친절, 두 번의 관심, 세 번의 호의. 대부분 가면입니다. 이것을 사회적인 기술이라고 합니다. 사회적인 기술로 친절해질 수는 있지만 그 사람의 '접근 의도'와 그 사람의 '본질'을 숨길 수는 없습니다. 그 본질을 '인격의 성숙도'라 할 수 있겠지요.

비즈니스를 위해서 접근했을지라도 인격적 성숙 수준이 높으면 서로 상생하는 관계, 존중하는 관계를 만들지만 인격적 성숙 수준이 낮으면 상대방을 이용하고 버리기 위해서 접근합니다.[10]

원하는 것을 얻을 때까지 최선을 다하지만 원하는 것을 얻었다면 버리는 사람.

누구나 가면을 쓰고 살아가지만, 그 가면을 계속 쓰고 살아가기 어렵기에 우리는 시간이 조금만 지나면 곧 그 사람의 본질을 눈치챌 수 있습니다. 한 사람을 이해하기 위해서 '춘하추동(春夏秋冬) 사계절을 겪어야 한다'는 말이 있지요.

그 사계절을 보내면서
도움을 줄 때도 도움을 못 줄 때도
잘 나갈 때도 못 할 때도

돈이 있을 때도 돈이 없을 때도

사회적 명성이 있을 때도 명성이 땅에 떨어졌을 때도

대단해 보이는 모습과 초라한 모습을 동시에 보이게 되었을 때도 그 사람이 한결같이 대한다면 그 사람은 본래 괜찮은 사람입니다.

그대의 가장 초라한 모습에도 한결같은 사람이 그대의 곁에 있길 바랍니다.

**침묵의 이유는
할 말이 없어서가 아닌
의미가 없어서다.**

대인관계지능(interpersonal intelligence, 對人關係知能)[11][12][13]

다른 사람의 표정, 목소리, 몸짓 등에 나타나는 감정이나 동기 등을 인식하고 구분할 수 있는 능력이다. 또한 대인관계에서 나타나는 여러 가지 특징과 의도를 판단하고 이러한 것들에 효율적으로 대처하는 능력을 뜻한다.

"저 그 남자랑 헤어졌는데 마지막으로 욕 해주고 싶어요."

한 여자의 사연이 온라인에 올라왔습니다. 사연을 들어봤습니다.

"둘이 참 많이 싸웠어요. 제가 헤어지자고 했어요. 생각할 시간이 필요하다고 하더라구요. 이틀 뒤에 만났어요. 근데 제 마음이 바뀌어서 헤어지지 말자고 했거든요, 그날 둘이 대화를 많이 했어요. 결국 서로 안 맞으니까 헤어지기로 했는데 서로 좋게 좋은 말을 하면서 헤어지니까 자꾸 미련이 남아요."

'아이고 의미없다.'

어차피 헤어지고 다시 친구로도 만날 것 같지 않은데 욕해서 무엇하며 후회해서 무엇할까.

싸우고 나서 제일 후회가 되는 것이 "그때 그 말 할걸!" "그 말을 했었어야 하는데!!" 바로 이거지요. 이 말을 했으면 상황은 달

225

라졌을까요? 평상시에도 하지 못한 말을 싸울 때 한다고 뭐가 달라질까요. 달라질 게 없는데 쓸데 없이 말해봐야 뭐하겠는가.

"왜 우리가 헤어지는 거야?"

"미안해. 내가 바빠서. 너를 만날 시간이 없을 것 같아."

시간이 없어서 헤어지는 것이 아니라 마음이 없어서 헤어지는 것일 뿐.

'왜 퇴사를 하는 거지?'

더 이상 당신과 일하기 싫은 것이 핵심 아닐까요. 뭐 이유는 더 갖다 붙일 수 있지만 말이지요.

말을 해서 해결이 가능하거나 상대방이 바뀌거나 상황이 바뀐다면 반드시 노력해야 하지만, 내가 싫어하는 사람을 싫다고 '말'해봐야 그 사람이 좋아지지 않습니다. 그 사람 때문에 일이 꼬인다고 '말'해봐야 일이 잘 풀리는 것이 아니지요. 직장 상사 때문에 힘들다고 뒷담화 해봐야 직장 상사는 변하지 않습니다.

해야 할 말이 있으면 직접 말을 하고 할 필요 없는 말은 침묵할 필요가 있습니다.

사랑을 느껴서 사랑하는 걸까

사랑하고 싶어서 사랑을 느끼는 걸까

언제나 헷갈리는 것들.

아포페니아(apophenia)[14]

서로 연관성이 없는 현상과 정보 속에서 규칙성이나 연관성을 추출하려는 인지 작용
을 칭하는 심리학 용어. 사람들은 무엇에서든 어떤 의미를 찾으려 하며 무질서 속에서
패턴을 찾으려는 경향이 있다.

"나 국제결혼할까봐."

"왜?"

"아무래도 한국여자들하고는 결혼 못 할 것 같아."

잘생긴데다 능력까지 있는 친구가 푸념을 합니다.

"지난주에 소개팅했잖아."

"그런데?"

"소개팅 자리에서 집은 있냐. 자가냐 월세냐 묻더라."

"아하하하하. 또 헛똑똑이 걸렸네. 만나서 얘기하다 보면 알게
되는 걸 뭐가 그리 급하다고 소개팅 자리에서 물어봤대."

"그래서 일부러 월세라고 했어."

"예뻤어?"

"응. 예뻤어."

"잘해보지 그랬어."

"야. 그럴 거면 업소 가서 돈 쓰고 만나지. 업소 애들이 더 예쁘고 말도 잘 들어. 돈만 쓰면 말이야."

"그래, 연애만 해. 너 능력 있고 돈도 있는데 뭐가 문제냐."

"아무리 그래도 결혼은 하고 싶었는데, 아무래도 글렀나보다. 어린 여자들은 매일 만나자고 징징대고, 나이 있는 여자는 능력 있는지만 본다."

남자가 한 여자를 소개를 받았습니다. 카카오톡 연락으로는 사람이 괜찮아 보였다고 합니다. 일단 만나서 커피 한 잔을 하면서 이런저런 대화를 나눴습니다.

"어떤 분하고 만나고 싶으세요?"

"저는 대화가 잘 통하면 좋더라구요."

"저도 일단 대화가 통해야 한다고 생각해요."

화기애애하게 대화를 끝내고 다른 곳으로 이동을 하기 위해서 차를 빼러 나갔는데, 차를 빼고 있는 사이에 여자에게 연락이 왔습니다.

"죄송해요. 제가 일이 생겨서 빨리 가야할 것 같아서요."

"그럼 다음에 뵈어요."

"아니에요. 다음에 뵙기 어려울 것 같아요."

"네, 알겠습니다."

그저 이 남자는 세컨카인 경차를 끌고 나왔을 뿐이었습니다.

서울 강남에 나올 때는 자신의 포르쉐보다는 경차를 갖고 나와야 주차도 편하고 여러모로 편하기 때문이었지요.

한 심리실험에서 소개팅 자리에 상대에 대한 배경 소개 없이 대화를 나누게 했습니다. 그런 다음 남자에게 어느 정도의 호감도를 갖고 있느냐고 질문하자 '보통의 호감'이라고 답했습니다. 그런데 소개팅 여성이 화장실에 잠깐 갔을 때 주선자가 여성에 대한 소개를 하면서 아버지가 국회의원이라는 말을 슬쩍 건네자 소개팅 자리가 화기애애하게 바뀌기 시작했습니다. 소개팅 자리가 끝나고 호감도가 어떻게 변했는지 물어봤더니, 남자는 배경을 알고 난 이후에 호감도가 상승했다고 답했습니다.

사랑을 느껴서 사랑하는 걸까
사랑하고 싶어서 사랑을 느끼는 걸까
언제나 헷갈리는 것들.

**사람의 마음을 얻고 싶다면
그대가 쓰는 말을 점검하라
But과 And중 무엇을 사용하고 있는가.**

몰입(Flow)

무언가에 흠뻑 빠져 심취해 있는 무아지경의 상태.

"비슷한 사람이 서로 잘 맞아요? 아님 반대되는 사람이 서로 잘 맞아요?"

이런 질문을 종종 받곤 합니다. 유유상종(類類相從). 사람은 누구나 자신과 비슷한 사람을 좋아합니다. 자신의 생각과 비슷한 사람을 만나거나 자신의 생각에 동조해주는 사람을 만날 때 안도하고 위로받습니다. 연인관계든 업무관계든 마찬가지지요.

"'그런데' 그 의미가 아닌 것 같은데."

"'그런데' 그렇게 말한 게 아니라 이렇게 말하지 않았었어?"

대화를 할 때 사람들은 '그런데'를 사용하면서 무의식적으로 상대보다 자신이 낫다는 것을 보여주고 싶어합니다. 상대방이 하는 말을 즉각 반박해서 이기려고 합니다. 문제는 말로써 이기는 게 중요한 게 아닙니다. 상대방의 감정이 상하는 순간 그 관계도 끝이 나고 맙니다.

최고의 영업가들은 최면언어를 잘 사용한다고 합니다. 최면언어라고 해서 뭔가 특별한 말을 하는 게 아니고, 상대방이 자신에게 동조하게 만드는 언어를 사용하는 것입니다.

"이 강의를 들으면 훨씬 자신감이 생길 겁니다."

"제 얘기를 들으면 필요하다고 느낄 겁니다."

"이 책을 세 번만 읽으면 합격하실 겁니다."

상대방에게 그들이 원하는 긍정적인 결과를 말해줍니다. 그리고 끊임없이 그들의 말에 동조하는 것 같이 말합니다.

"그래도 떨어지면 어떡해요?"

"떨어질까 봐 불안하죠~(동조) 저도 그랬으니까요. 한 번만 끝까지 읽고 나면 자신감이 생길 거예요~"

And 언어입니다.

'가장 어려운 일은 사람의 마음을 얻는 일이란다.'

《어린왕자》 속 한 구절입니다. 사람의 마음을 얻고 싶다면 그 사람에게 관심을 보여야 합니다. 사람은 누구나 자신을 좋아하는 사람을 좋아합니다. 상대방이 자신을, 자신이 만든 콘텐츠를 싫어한다고 말하기 이전에 상대방에게 관심을 기울였는지 상대방을 좋아하려고 어떤 노력을 했는지 한번 생각해봐야 하지 않을까요?

우리 삶에서 공감대는 매우 중요합니다. 관계도, 일도, 협상도 공감대가 먼저 형성되어야 몰입(Flow)이 가능합니다.

좋은 사람이 옆에 있는 것은 행운이다.
그러나 좋은 사람을 만나는 것은 우연이다.

우연의 법칙

때로 불안과 위험을 주기도 하지만 필연이 갖지 못한 열린 가능성으로
우리의 인생을 더욱 풍요롭게 만들 수도 있다. - 슈테판 클라인, 《우연의 법칙》

"어느 날 정신을 차려보니, 사업체가 망했어요."

연 매출 400억에 달하던 중소기업 대표였던 그가 지하 단칸방에서 두문불출하는 신세가 된 것은 8년 전이었다고 합니다. 그런 자신에게 선뜻 한 달치 월급을 건네는 친구가 있었습니다. 한창 사업이 잘 나갈 때는 그리 신경 쓰지 않았던 친구였습니다. 쌀이며 반찬을 지하 단칸방에 놓고 가는 친구도 있었지요. 수백억 매출을 올리던 때, 친분을 쌓으려 노력했던 정치인이나 재력가 중 자신을 만나러 오는 사람은 거의 없었습니다. 잘나가던 시절에는 보이지 않던 사람들이 망하고 나니 보이기 시작하더랍니다.

많은 사람이 자신보다 잘나가는 사람들을 동경하고 친분을 쌓으려 애씁니다. 함께 어울릴 수 있을 때는 상관이 없지요. 유유상종, 끼리끼리 만나는 법이니까요. 문제는 사회적 지위가 달라지고 경제적 능력이 달라질 때 드러납니다. 친하게 지내려 노력했던 사람, 친구라고 믿었던 사람, 괜찮은 사람이라고 생각했던 사람이 정작 곁에 남아 있는 경우는 거의 없지요. 친하다고 다 좋은 사람인 것도 아닙니다. 대부분의 사기꾼은 과거에 친한 사람이거나 좋은 사람이었지요.

인간관계는 혼자 노력한다고 이루어지는 것이 아닙니다. 그렇다고 노력이 항상 괜찮은 관계를 만드는 것도 아니지요. 서로의 가치관이나 생각, 생활방식과 계기가 모여 관계가 이루어집니다. 그 여러 번의 우연과 여러 번의 찰나들 사이에서 오해나 갈등이 생길 수도 있고, 좋은 관계가 만들어질 수도 있습니다.

좋은 사람이 옆에 있는 것은 정말 큰 행운입니다. 하지만 그렇게 우연한 찰나의 사건과 순간들 사이에서 선택한 행동들이 모인 우연이기도 합니다.

상대방이 들을 준비가 되어있으면 조언

들을 준비가 되어있지 않으면 꼰대질

상대방을 위해 하는 말은 조언

내가 하고 싶어서 하는 말은 꼰대질

조언(助言)

상대방에게 도움을 주는 말.

상대방을 위해서 하는 말인가, 자신이 하고 싶은 대로 하고 싶은 것인가.

"쌤, 과제 하셨어요?"

"쌤, 오늘 학교 늦으세요? 상의드릴 것이 있는데."

"쌤, 식사하셨어요?"

박사 과정 동기이자 나이로 가장 막내는, 동기들의 호칭을 '쌤'이라고 부릅니다. 입학 동기이기는 하지만 박사 과정을 밟고 있기 때문에 박사님이라고 부르는 것은 민망하다나요. 나름대로 찾아낸 적당한 호칭이 쌤이기 때문이기도 합니다. 드러나지는 않지만, 여기엔 명확한 요구 사항이 있습니다.

바로 '존중'해달라는 요청이지요. 사람들은 누구나 다른 사람과 관계를 설정합니다. 그것을 위해서 언어적, 혹은 비언어적으로 드러나지 않게 '자신을 대하는 태도를 요청'합니다.

"대접받고 싶은 대로 대접하라 : 황금률."

'선생님'이라고 상대방을 부르는 이유는, 당신도 나를 선생님이라고 불러 달라는 요청입니다. 즉, 당신과 나는 동등한 입장이니 함부로 무시하거나, 하대하지 말라는 말이지요. 만약 상대방과 더 친하게 지내고 싶거나, 서로 합의하에 반말을 하는 사이가 되었다면 표현은 달라집니다. 언니 혹은 오빠, 선배처럼 서열이 있는 호칭을 부름으로써 스스로를 낮추는 것입니다.

문제는 이런 무언의 요청을 알아듣지 못하는 사람들이 있다는 점입니다. 막내이기 때문에 그래도 된다고 생각하고, 일단 하대하는 것입니다. 그러나 사실, 박사 과정에 입학하거나 사회 생활하면서 대학원 입학을 한 사람치고 나이로 하대할만한 사람은 없습니다. 나이가 어리다고 해서 무조건 하대하는 것은 곤란하지요. 나이가 어릴지라도 사회적인 위치가 있고 사회적 존경을 받는 사람들이 분명 있기 때문입니다.

동양문화권은 집단주의 문화권입니다. 집단주의 문화권의 특징은, 수직적인 구조를 갖는다는 것이지요. 일단, 만나면 나이부터 물어봅니다. 그리고 상대방이 나보다 어리다고 판단이 되면 허락도 구하지 않은 채 반말합니다. 그저 내가 더 나이가 많다는 이유 하나만으로요.

존경할만한 구석이 하나도 없는데 나이만 많으면 나에게 반말을 하고 나는 그에게 깍듯하게 대해야 합니다. 나이가 존경심을 만드는 것도 아닌데, 집단주의 문화권에서는 무언의 압력을 가합니다. 할 말을 하면 되레 건방지다는 소리를 듣지요. 재미있는 것은, 문제가 생기면 그 원인을 나이에서 찾는다는 것입니다.

친목 모임, 봉사 모임, 학교 동기 모임 등은 나이와 관계없이 수평적인 모임입니다. 물론 나이도 감안하지만, 그 전에 서로 조심해야 하는 관계이지요. 나이가 많다고 해서 윗사람이 되는 것은 아닙니다. 하다못해 학교 선배도 윗사람이라고 하지는 않지요. 이런 모임에서 나이가 많다고 윗사람이라는 의식을 가지는 것은 배척해야 합니다.

요즘은 학생을 가르치는 교수조차도 먼저 공부한 사람으로서 덜 배운 학생을 지도하는 것이지 '윗사람'으로서 '아랫사람'을 가르치는 것이 아닙니다. 신기하게도 나이가 많으면, 내가 윗사람이라고 착각하는 사람들이 더러 있지요. 가르치려고 하고, 우위에 서려고 합니다.

선배: 후배야, 선배와 꼰대의 차이를 아냐.

후배: 모르겠는데요.

선배: 선배는 물어본 것에만 말하고, 꼰대는 안 물어본 것에도 굳이 말하는 거다.

후배: 안 물어봤는데요.

나이가 많다고 해서 무조건 상대방에게 편하게 굴어도 되는 것이 아닙니다. 그 어떤 상황에서도 말이지요. 나이는 존경의 요소가 되지 않습니다. 그럴만한 요소를 내가 가지고 있어야, 존경받는 것이지요.

당신은 꼰대인가요, 선배인가요?

시그널(The Signal)

우리는 우리도 모르게 서로에게 신호를 보낸다.
우리는 은연중에 그 시그널을 알아채고 있다.
다만 원하지 않는 신호이기에 애써 무시하는 것일 뿐.

선택적 주의(selective attention)[15]

환경에서 들어오는 다양한 정보 중 특정한 정보에 주의하는 것으로 현재 자신에게 필
요한 정보를 선택하는 것.

"교수님께서 편한 방법으로 하시는 게 좋을 것 같습니다."라고 말은 하지만, 턱을 올리고 눈을 내리깐 채입니다. 이것은 흔히 상대방을 깔볼 때의 비언어적 행동이지요. '말'과 '행동'이 일치하지 않을 때, 무엇이 그 사람의 본심일까요?

무의식적으로 나오는 행동인 '비언어적' 행동이 그 사람의 본심입니다. 《FBI행동심리학》에서는, 범인을 취조할 때 말과 행동 중 아주 사소한 비언어 행동을 주목한다고 말하고 있습니다. 가령, 범인에게 사건 당일 동선을 물어보는데 골목길 끝 두 갈래 중 어디로 갔는지 물었다고 칩시다. 그러자 범인이 말로는 오른쪽이라고 하면서, 손가락으로는 왼쪽을 가리킵니다. 어디에서 살인을 저지른 걸까요? 바로 왼쪽이었습니다.

자신의 비언어를 자각할 수 있을까요? 자각(自覺)할 수 있다면, 그 사람은 이미 '수행자'라고 볼 수 있습니다. 명상에서는 'Here&now, awerness'를 강조합니다.

'지금 여기에 존재하라. 그리고 자각하라.

웬만한 수행이 되지 않고선 자각(自覺: 스스로 자신의 행동을 깨닫기) 하기는 어렵다.'

"소장님, 열심히 하겠습니다."

"저에게도 기회를 주세요. 정말 잘할 수 있어요."

자신에게도 강의할 기회를 달라고 하는 부하 직원들(사내 강사) 의 요청입니다. 물론 기회를 주는 게 문제가 되진 않지요. 그러나 기회를 줘 놓고 정말 열심히 하는지를 확인해 보면, 대부분 그렇 지 않습니다. 말로는 열심히 하지만 막상 시범 강의를 시켜 보면 PPT 자료만 달랑 가져 와서 대충 시간을 보내기 때문입니다.

강의를 하다 보면, 종종 노트북을 켜놓고 강의를 듣는 사람들 이 있지요. 요즘은 대부분이 그렇게들 합니다. 문제는, 노트북으 로 강의를 듣느냐 웹서핑을 하느냐는 것입니다. 물론 그것은 한 눈에 알 수 있습니다. 제 강의 내용과 학생들의 반응이 일치하지 않기 때문이지요. 그러다 자신이 관심 있는 내용이 나오면, 시선 이 노트북에서 교수로 옮겨 갑니다. 물론, 웹서핑에 빠져버린 아 이들은 강의 내용이 전혀 들리지 않지만 말입니다.

기업에서 강의할 때 또한 노트북을 가져오는 일이 있습니다. 일 때문에 어쩔 수 없다고 하지만, 강의에는 사실 관심 없다는 무언의 표현이지요. 강의를 시작하고 학습자가 강의에 몰입하기 시작하면 그제야 노트북을 닫고 한쪽으로 치웁니다. 강의가 자신의 관심 범주 안에 들어왔기 때문이죠.

말과 비언어가 일치하지 않는 사람을 조심해야 합니다. 가족이 가장 소중하다고 말하지만, 매일 야근하고 주말에도 출근하고 매일 술을 마신다면. 이 사람은 가족이 과연 정말 소중한 걸까요?

저는 말과 비언어가 일치하지 않는 사람들을 믿지 않습니다. 그래서, 간혹 소 뒷걸음질 쳐 쥐 잡듯이 사기꾼을 가려낼 때가 있지요. 언어보다는 비언어적 행동을 잘 살펴 봤을 때 진실 여부를 알 수 있는 경우들이 많습니다.

당신은 지금 어떤 진실을 말하는 중인가요?

세상에 그렇게 해도 되는 사람은 없다.
그대가 그렇게 대하고 있을 뿐.

상호성의 법칙(Law of reciprocality)[16]

A가 B에게 호의를 베풀면, B 역시도 A에게 호의를 베풀게 되는 법칙.

"어제 술 많이 마셨어? 그러게 일찍 들어가라고 했잖아."

지하철에서 혼자 고래고래 소리를 지르며 통화합니다. 아뿔싸, 이러다가 저 사람이 간밤에 무슨 짓을 했는지까지 알게 될 지경입니다. 저 통화하는 사람에게 우리는 투명인간이지요. 머릿속에 없으니까요. 배려할 대상이 아닌 것입니다.

휴게소 테이블을 열심히 닦는 여자가 보입니다. 음식을 먹기 위해 정성스레 닦고 있네요. 다 먹고 나서도 저렇게 테이블을 닦을까? 글쎄요. 모르는 일이지만, 저 여자한테는 그 이후에 테이블을 사용할 다른 사람은 보이지 않습니다.

호텔이나 콘도, 도서관이나 화장실을 사용할 경우 처음 상태 그대로 해 놓고 가는 것이 좋습니다. 그러나 몇몇 사람들은 자신이 먹은 음식 쓰레기를 버젓이 늘어놓고 갑니다. 그리고 말하지요.

"청소하시는 아줌마가 치우면 되는 거 아니에요?"

그다음에 앉을 사람은 전혀 배려하지 않은 말입니다. 하물며 직장에서도 그게 다를까요?

자신의 업무를 다음 사람이 이어서 할 수 있도록 정리하는 것은 그리 어려운 일이 아닙니다. 책임을 지는 것은 거창한 게 아닙니다. 그저 다른 사람이 제 업무를 받아 좀 더 쉽게 할 수 있도록 배려하는 것, 마무리하는 것이지요. 간혹 본인이 그 업무 최후의 1인인 줄 아는 사람들이 있습니다. 그렇다고 백 년이고, 천 년이고 일할 것도 아니면서 말이에요.

우리나라 사람들은 안면이 없는 모르는 사람들에게 놀랍도록 배려가 부족합니다. 지인들에게는 오히려 오지랖 부리는 사람이 많지요. 되려 이런 오지랖에는 기분 나쁜 티를 내지 않습니다. 그게 배려라고 생각하는 것입니다.

상대방을 오버해서 걱정하고, 불편함에 말 안 하고 참는 게 배려가 아닙니다. 이것들은 집단주의 문화에서 나타나는 행동이지요. 자신과 가까운 사람들은 눈에 보이기 때문에 챙겨야 한다고 생각합니다. 그 외의 것들은 머릿속에 없지요. 내 주변 사람들만 인지하고 모르는 사람은 아예 제외하는 왜곡된 배려, 배려와 존중은 사실 한 세트로 묶여 있는 것인데 엇박자가 나는 경우가 생각보다 많습니다.

타인의 삶을 함부로 평가하지 마라.
그대가 재단한 그 초라한 잣대는
당신이 평가한 이의 치열한 삶에
이미 미치지 못한다.

헤일로효과(Halo Effect)

사람이나 사물을 평가할 때 나타나는 오류를 뜻하는 심리학 용어.
대상의 특징적 선(善) 또는 악(惡)이 눈에 띄면 그것을 그의 전부로 인식하는 오류.

"나는 유노윤호다."

일하기 싫어지면 이렇게 스스로를 세뇌하는 사람이 늘고 있다는 기사를 봤습니다. 그는 십오 년째 가수 활동을 하고 있지만, 여전히 매사에 열심이지요. 유노윤호의 열정을 따라하고 싶어하는 사람들이 많다는 기사였습니다. 댓글은 어떤가 봤습니다.

'연예인이 열정 갖고 일하면 한 번에 오천 만 원 벌지만, 직장인이 열정 가지면 연봉이 오천 만 원이다.'

가수 홍진영 씨도 하루 네 시간밖에 못 자지만 전국을 누빈다는 기사가 올라왔습니다. 그러자, 연예인들은 돈을 많이 버니까 잠 안 자도 괜찮지 않냐, 저 정도로 많이 벌면 투덜거리면 안 된다, 나도 저 정도로 벌면 저렇게 살 수 있다. 투덜거리는 댓글이 넘칩니다.

돈을 많이 버는 직업이기 때문에 열심히 하는 것일까요? 아니지요. 그들이 그렇게 돈을 많이 버는 이유는 매번, 매순간 최선을 다 하기 때문입니다.

현재 협회에 등록되어 있는 연예인만 수십 만 명입니다. 우리가 알지도 못하는 연예인들 또한 많지요, 그 중 성공하는 사람은 상위 일 퍼센트, 우리가 이름과 얼굴을 기억하는 사람들입니다. 단순히 돈을 많이 버는 직업이라 연예인을 선택했다면 무명시절을 견디기 어려웠을 테지요. 이런 현상은 어떤 곳이든 비일비재합니다.

제 프로필을 본 사람들의 반응은 크게 두 가지로 나뉩니다. 한 가지는,

"제가 지금까지 본 프로필 중 제일 화려해요. 프로필만 봐도 얼마나 고생하시고 노력하셨는지 보여요, 정말 대단하세요."

이 반응은 단 한 번이라도 성공을 해 본 적이 있는 사람의 말입니다. 두 번째는,

"부모가 돈이 많은가 봐. 어린 나이에 저렇게 화려한 프로필이라니, 학위가 몇 개야? 남들은 돈 없어서 못 하는데."

사회 초년생들이 많이 보이는 반응이기도 하지만, 성공해 본 적 없는 사람들 또한 이렇게 반응합니다.

기업 강의를 시작하고 나서 사 년 정도는 번 돈보다 쓴 돈이 훨씬 많았고, 강의만 시작하면 사람들이 십 분 이내로 코 골며 자는

것도 여러 번 보았습니다. 학위가 학사이기 때문에 프로필만으로 매번 거절당했고, 평가가 안 좋으면 비용도 받지 못 했습니다.

학위를 하나씩 받고, 강의를 위해 공부하고, 요청하는 콘텐츠가 아니더라도 열심히 자료 개발을 하니 그제야 요청이 들어오기 시작하더군요. 이것은 제 프로필 때문이 아닙니다. 제 강의를 보고 요청하는 것이지요.

사람들은 자신의 방식대로 남과 상황을 평가합니다. 한계를 극복해 본 경험이 있는 사람들은, 아주 작고 사소한 것이라도 노력과 희생 없이 그것이 불가능하다는 것을 잘 알고 있습니다. 타인의 노력을 절대 무시하지 않지요. 조그만 것들이 모여서 산이 된다는 것을 인지하고 있기 때문입니다. 반면, 한계를 극복하기보다는 할 수 있는 범위 내에서만 노력한 사람들, 게으른 사람들의 성취는 그만큼 배경이 받쳐줬기 때문이라고만 생각합니다. 이를테면 그런 거지요. 부모님이 학비만 내주셨어도, 내가 머리만 좀 더 좋았어도, 실수만 안 했어도, 조금만 덜 바빴어도, 등등. 여러 변명을 들이밀며 합리화를 합니다.

성공한 사람들은 부모님이 학비를 내주지 못 하셨어도, 내가 머리가 좋지 않았어도, 실수를 했어도, 바쁘긴 했어도 노력합니다. '무엇 때문에' 망친 게 아니라, '그렇긴 했지만 그럼에도 불구하고'라고 말합니다.

맞는 말이지요. 그럼에도 불구하고 자기 한계를 뛰어넘기 위해 노력했기 때문에, 잠을 자지 못 하더라도 지금과 같은 위치에 오를 수 있었던 겁니다. 돈을 많이 번다고 해서 투덜대면 안 되는 것이 아니라, 투덜대지 않고 매순간 최선을 다 했기 때문에 지금 그 사람의 몸값이 하늘 높은 줄 모르고 치솟는 거지요.

세상 모든 일이 마음대로 돌아가는 것은 아닙니다. 기회가 많은 것도 아니지요. 그러나 준비된 사람은 언제나 성실하고 책임감 있게 맡은 바 최선을 다합니다. 그렇기 때문에 그 기회를 잡을 수 있었고, 상대적으로 기회가 더 많아 보이는 것이지요.

신뢰는 한 번에 깨지지 않는다.
신뢰가 깨질만한 사건이 여러 번 반복됐기 때문이다.

신뢰(信賴)

타인의 미래 행동이 자신에게 호의적이거나 또는 최소한 악의적이지는 않을 가능성에 대한 기대와 믿음을 말한다.

"책에 공저자로 올려줄 테니 백이십만 원 내면 돼."

오랜만에 책장을 정리하며 공저자로 올려줄 테니 돈을 내라고 했던 기억을 떠올렸습니다. 왜냐고요? 바로 그 책을 발견했기 때문이죠. 출판된 책의 공저자는 넷. 이 공저자들도 백이십만 원을 냈을지, 문득 궁금해졌습니다.

2006년, 한 워크샵에서 기업교육 컨설팅을 운영하는 대표이자 교수였던 사람을 만났습니다. 그 교수의 박식함에 스승으로 삼고 배우고 싶은 마음에 무리한 부탁을 했어요.

"박사님, 혹시 사무실에 책상이 남으면 저 공부하러 출근해도 될까요? 책상 하나만 쓰게 해주시면 안 돼요?"

그 교수는 당돌하고 말도 안 되는 부탁을 흔쾌히 들어주셨습니다. 출근해서 특별히 공부하는 것은 아니었지만, 앉아있으면 무언가 도울 수 있는 일이 생겼기 때문에 어깨 너머로 열심히 일을 배웠습니다. 주말에도 일이 바쁘다고 하면 도우러 출근했고, 평일에도 일이 바쁘다고 하면 늦게까지 남았습니다. 배우고 싶고 감사한 마음에 마케팅도 도맡았습니다. 그 덕에 대기업 임원 연봉 수준 정도의 매출은 올렸습니다.

"제안서 좀 써 봐."

써서 보내니, 그냥 어이없다는 듯이 웃고 말더군요. 제안서 쓰는 것은 가르쳐 준 적? 없었습니다. 강의안 디자인을 고치라길래, 고쳐서 보냈더니 피드백은 없었습니다. 책을 파워포인트로 정리하라기에 보냈더니, 그걸 자신의 강의안으로 사용했어요.

"원고 써 봐."

써서 보냈습니다. 역시나 피드백은 없었고요. 그것 뿐입니까? 강의에 보조 강사로 들어오라기에 보조강사로 여덟 시간씩 교육 보조 후 퇴근했습니다. 처음에는 기회를 주는 것처럼 보이던 말들의 실체를 시간이 지나면서 알게 되었어요. 제안서는 대신 쓰게 하려고 했지만, 고객사에 보낼 수 있는 수준이 아니라 그냥 사용하지 않았고요. 강의안 디자인을 바꾼 것은 기업체에서 컨설팅 비용을 받아서 진행하던 업무였지만 수고료는 없었던 겁니다. 책의 내용을 강의안으로 만들면 그 강의안을 박사가 사용했고, 제가 쓴 원고로 원고료를 받아서 자신의 생활비와 운영비로 대체

했습니다.

보조 강사로 들어오라고 한 교육들은 대부분 기업에서 보조강사 인건비를 청구해 받아 박사의 생활비와 운영비로 사용했습니다. 보조강사로 들어와서 자신의 강의를 청강했으니, 일한 게 아니라 공부한 거라고 말하면서요.

"백이십만 원 내면 공저자로 올려 줄게."

지인과 대화를 나누다가, 우연히 박사가 이런 제안을 한 사실을 말하게 되었습니다. 그러자 지인이 깜짝 놀라는 거 아니겠어요? 그리고 말해 주는 겁니다. 그 책은 자신이 초벌 번역 중인데, 번역 비용이 백이십만 원이라고요. 제 돈을 받아 공짜로 번역할 생각이었나 봅니다.

"이번 워크숍, 차 선생이 운영해 볼래?"

이 워크숍은 인당 참여 비용이 오백만 원이나 하는 고가의 워크숍이었습니다. 인건비를 주려고 했던 걸까요? 이 생각이 자연스럽게 들게 된 이유가 있습니다. 사무실에 출근해 일을 도우면서, 회사에 매출이 생기기 시작한 시점인 오 개월 정도. 그때 이 회사의 대표인 박사가 말했습니다.

"이제 급여를 주면서 차 선생 일 시켜야지."

글쎄요, 일 년 동안 받은 돈은 총 이십만 원이었습니다. 고가의 워크숍 마케팅을 맡기면서도 말했습니다.

"1명 마케팅하면 인당 오 퍼센트 줄게. 열 명 모집하면 공짜로 참여하면서 운영해."

"워크샵을 운영하지만 참여도 하는 거니까 마케팅을 못 하면 오백만 원 입금하면 돼."

그리고 인연을 완전히 끊었습니다. 신뢰는 한 번에 깨지지 않지요, 깨질만 한 사건이 여러 번 반복되어야 합니다. 멘토로서 존경하던 사람이었으나, 그 존경과 신뢰가 깨지기까지는 오랜 시간이 걸리지 않았어요. 신뢰는 한 번에 만들어지지도 않지만, 한 번의 사건으로 깨지지도 않습니다.

그곳에서 마케팅을 했던 경험으로 컨설팅 회사를 시작했습니다. 대차게 부딪히고 깨지고, 넘어졌지요. 마케팅과 경영은 다른 거라는 것을 뼈저리게 느꼈습니다. 그 후 십이 년, 저는 분명 어떤 직원들에게는 좋은 대표, 어떤 직원에게는 나쁜 대표, 또 어떤 직원에게는 존경스러운 대표였을 것입니다. 제가 시행착오를 겪었던 것처럼, 어쩌면 그분도 시행착오를 겪었을 수도 있겠지요.

무엇을 선택하던
자신이 행복한 선택을 하라.

선택이론(choice theory, 選擇理論)[17]

내부통제심리학, 인간은 자신이 하는 모든 것을 선택할 수 있다. 불행은 단지 개인에게
일어나는 것이 아니라 그 자신이 선택하는 것이다.

"이거 제가 몇 번을 말씀드렸는데 왜 또 이렇게 하셨어요!"

아주 사소해 보이는 일에 버럭 화를 냅니다. 순간 기분이 살짝
나빠져서, 나도 화를 낼까 고민했어요. 그렇지만 이내 웃으며 말
했습니다. 어머, 내가 그랬어? 신경을 못 썼네, 하고요. 사실 제가
사과할 일은 아닙니다. 지금 이 일은 내가 해도 그만, 안 해도 그
만인 일이거든요. 사소한 일은 좋게 넘어가는 게 낫습니다. 상대
방의 무례를 지적해 봤자 제 기분만 나쁘니까요. 저만 손해지요.

제 직업은 전국을 돌아다니고, 글을 쓰는 직업입니다. 혹자는
제게 부럽다고 말하지요. 자기는 갑갑한 사무실에서 하루 종일
엉덩이 붙이고 앉아 있으니까 말입니다. 본래 사람들은 모든 것
에서 부정적인 것을 가장 먼저 찾고, 크게 봅니다.

그럼 제 직업의 단점도 말해 볼까요? 한 주에 천 킬로미터를 운

전하고(운이 없으면 이천 킬로미터도 운전합니다), 하루 종일 서서 일하고요. 강의가 끝나고 나서도 최소 한 시간, 최대 다섯 시간은 운전합니다.

글 쓰는 직업은 또 어떠한가요. 책 한 권을 쓰려면 주말에 여덟 시간에서 열두 시간은 책상에 붙어 있어야 합니다. 운이 좋게 그분이 강림하시면, 여덟 시간 앉아서 네 장 정도 글을 씁니다. 이 날은 운수가 좋은 날이지요. 어떤 날은 열두 시간 동안 달랑 한 줄 써 놓고 자괴감에 빠집니다. 이렇게, 자책하는 날이 더 많기는 합니다.

우리는 아주 사소한 순간 선택해야 합니다. 어차피 하기로 결정한 거라면 즐겁게 할지, 투덜대며 할지 말이에요. 한 번은 강의를 마치고 돌아가는 길이었습니다. 네 시간 반을 운전하려니 몸도 결리고, 힘들었습니다. 운전이 싫어지려고 했으니, 말 다 했지요. 그날 생각했습니다.

'내가 운전할 때마다, 운전이 싫어진다면 어떨까?'

굳이 오래 생각할 필요 없을 만큼 명백했지요. 저는 매일 운전해야 하는 직업을 갖고 있고, 운전하지 않으면 불편한 일이 너무도 많았습니다. 그래서 결정했습니다. 스트레스 받지 않기로요.

같은 일에도 우리가 어떻게 마음을 먹느냐에 따라서 행복의 정도가 달라집니다. 내가 한 주에 천 킬로미터를 주행한다는 것은 그만큼 일이 많다는 것이고, 나를 불러주는 곳이 많다는 것이고, 내 몸값이 치솟는다는 뜻입니다. 이천 킬로미터를 달린 주는 어떤가요. 더 많은 일을 했다는 의미입니다. 책을 쓸 때는 어떤가요? 여덟 시간을 앉아 있는 것? 고역이긴 합니다. 글이 써지지 않으면 음악을 듣기도 하고, 웹서핑을 하며 자료도 찾고, 밀린 업무를 처리하기도 합니다. 친구와 통화를 하며 깔깔 웃기도 하지요. 무슨 일이건 생산성 있는 일을 찾아 합니다. 이도 저도 안 되는 날이요? 그냥 집에 들어가서 잡니다. 그럴 때 자는 것만큼 기분 좋은 일이 또 어디 있겠어요.

어차피 하기로 결정했고, 해야만 하는 일이라면 마음 편히 먹고 즐겁게 합시다. 스트레스 받아 봐야 내 손해 아니겠어요?

저는 사소한 일에 목숨 거는 사람은 아닙니다. 다시 볼 일 없는 사람에게 짜증을 내지도 않아요. 어차피 안 보면 되니까요. 하지만 그 사소한 일이 나와 상대방의 관계에 영향을 준다면? 반드시 지적합니다. 자주 만나야 하거나, 한 번만 도와주려고 했는데 이상하게 호구가 될 것 같은 느낌이 든다거나, 또는 오래 지속될 관계라면 반드시 불편한 점을 말합니다. 싸워야 할 때요? 최선을 다해서 싸웁니다.

직장에서 만나는 수많은 꼰대, 성희롱인지 모르고 성희롱하는 아재, 맛있게 밥 먹는데 굳이 옆에서 트림하는 지저분한 사람들, 친하지도 않은데 조언이랍시고 입을 벌리는 인간들. 저는 반드시, 지적하고, 협의하고, 조정합니다. 못 알아들을 때는요? 그냥 싸웁니다. 그래도 해결이 안 된다, 그럼 제 갈 길 가야죠. 그런 데 신경 쓰기에 저는 너무 바쁘고, 또 소중한 사람이니까요. 말을 해서 안 되는 일에는, 그냥 신경 끄고 자기 할 일 하는 게 낫습니다. 그래야 내 직장이, 내 모임이 더 즐거워지니까요.

이 모든 것이 나의 순간순간, 그리고 행복을 위한 선택입니다. 어차피 해야 한다면 즐겁게, 그리고 받아들이기 힘든 일에는 맞서기. 스트레스 받지 맙시다.

시작할 때는 동의를 구하면서
끝낼 때는 혼자 끝내더라.
이별에도 예의가 필요해.

애도(Mourning)[18]

의미 있는 애정 대상을 상실한 후에 따라오는 마음의 평정을 회복하는 정신과정.

"언니, 그 오빠 여자친구 생긴 거 알아요? 2주 됐잖아요."

"2주? 누구랑?"

"언니도 아는 사람이에요."

자신도 모르게 얼굴이 굳어집니다. 남자가 이별을 통보한 시기가 바로 이 주 전이기 때문이죠. 오빠 동생으로 지내자는 말에 서로 동의했고, 그 뒤로 편하게 연락하며 지냈다고 합니다.

'나와 헤어지고 바로 그 여자랑 사귀었다니, 이게 말이 돼?'

여자는 그날 저녁 연락했죠.

"그 친구랑 사귄다던데. 사실이야?"

"사람들이 그새를 못 참고 말을 전했어?"

"오빠, 그게 핵심이 아니잖아. 나랑은 인연이 아니었던 거야. 그게 잘못은 아니지만, 적어도 내가 다른 사람들한테 말을 듣기 전에 오빠한테 진실을 들을 수 있던 시간이 이 주나 있었다는 거지."

"미안해. 말하려고 했는데, 그 친구 때문에 너랑 헤어진 건 아니야. 상관없는 일이야."

"왜 상관이 없어? 나랑 헤어지자마자 그 친구랑 사귀었잖아."

"헤어진 건, 마음이 더 진전되지 않아 그런 것뿐이야."

"그렇다고 쳐. 그럼 나랑 헤어지자마자 그 친구랑 사귀었어야 했니?"

"그냥 시기가 그랬을 뿐이야."

연인 간의 관계도 인간관계지요. 서로 만나고, 호기심을 갖고, 그 호기심이 호감이 되기까지 시간이 필요합니다. 어제 처음 만나 첫눈에 반했대도, 오늘 갑자기 사랑을 시작하는 것은 아니니까요. 그러니 헤어지자고 통보하자마자 다른 사람을 만나는 것은 납득이 더더욱 어렵지요. 열렬히 사랑하지 않았더라도, 헤어짐엔 예의가 필요합니다. 연인 간에도 헤어짐에 대한 예의가 필요하고, 이것은 친구 간에도 예외가 아닙니다.

사실, 죽을 때까지 유지될 수 있는 관계가 세상에 얼마나 있겠어요. 만났다가도 헤어지고, 헤어졌다가도 다시 만나는 것이 인간입니다. 어떤 관계이건 헤어짐에 예의가 필요한 법입니다. 자신이 마음을 정리했던 시간만큼, 상대방도 그럴 수 있는 시간을 주어야 해요. 이 시간을 저는 애도의 기간이라고 합니다.

일 년간 친하게 지냈던 언니가 있습니다. 심리학에 관심이 많다는 말에 친해졌고 친해지기까지 4, 5개월간 매주 만나 대화했지요. 시간이 지나고 저는 이 언니의 단점을 발견했지요. 둘이 한 대화를 타인에게 왜곡해 옮긴다는 점, 사람을 이용하기 위해 만난다는 점이 그것입니다. 어느 날, 저는 우리 둘만의 대화를 왜곡해서 다른 사람에게 옮긴다는 점을 알게 됐어요. 그냥 평범한 심리학적 해석을, 험담하는 수준으로 만들었지요. 인맥을 활용하는 수준이 아니라 사람을 이용하기 위해 전략적으로 접근하더라고요. 저에게도 그랬고요.

어떤 사람은 자신의 사업에 필요해 친해지고, 어떤 사람은 전시회에 같이 가기 위해 친해지고. 어떤 사람은 자신의 박사과정을 위해, 어떤 사람은 일을 위해. 그 사실을 깨닫고 저는 그 언니를 멀리했습니다. 굳이 나쁘게 관계 정리할 필요는 없지 않나요, 언제 어디서 다시 만나게 될지 모르는데. 다시 만났을 때 반갑게 만날 수 있을 정도면 충분합니다.

답장의 속도를 조금 늦추기 시작했습니다. 처음엔 한 시간 뒤, 그다음은 세 시간 뒤, 여섯 시간 뒤, 그리고 다음 날. 일주일에 한 번 만나다 이 주일에 한 번, 한 달에 한 번, 삼 개월에 한 번. 그렇게 조금씩 상대방에게도 나와 멀어질 수 있는 시간을 주었습니다.
어린 왕자에서는 이런 말이 나옵니다.

"네 장미꽃을 그렇게 소중하게 만든 것은, 그 꽃을 위해 네가 소비한 시간이란다."

서로 가까워지기 위해 노력한 시간만큼 멀어지는 시간도 필요하고, 내가 상대방과의 관계가 멀어진 만큼 상대방도 받아들일 수 있는 시간이 필요합니다.

자신이 감당하지 못하는 것을
빠르게 적임자에게 양보하는 것도 책임감이다.

피터의 법칙(Peter principle)

수직적인 계층조직 내에서는 모든 직원이 경쟁력 없는 직책으로 승진하는 경향이 있
으며, 다수의 직책이 그 역할에 맞지 않는 직원들로 채워지는 경향이 있다.
결과적으로 직무수행 능력이 부족한 직원들이 맞지 않는 직책을 담당하게 된다.

"소장님, 이 제안서는 제가 쓰면 안 될까요?"

해외에서 석사까지 한 신입사원이 한 번 자신이 만들어 보고 싶다합니다. 의욕이 넘칠 때는 기회를 주는 것도 나쁘지 않아서 시켜보았습니다. 근무 중에도 틈나는 대로 제안서와 씨름을 하고 아침 일찍 출근해서도 씨름하더라고요. 노력과는 별개로 능력이 없는 걸 어찌하겠어요.

"어디까지 했니?"

"제가 다 할 수 있어요. 조금만 더 시간을 주세요."

피드백을 해주면서 가르치려고 해도 꽁꽁 숨겨 놓고, 가만 보니 '짜잔!'하며 제안서를 보여주려는 것 같더라고요. 그러나 시간을 아무리 줘도 끝낼 기미는 보이지 않았습니다. 아무리 기회를 준다 해도 팀장이 만들면 2시간 안에 끝낼 것을, 한 달간 올인하다니요.

"가져 와."

"아니에요. 제가 꼭 끝낼게요."

포기하지 않는 게 책임감이라는 생각을 하는 듯했습니다.

"앉아 봐. 네 연봉이 얼마니?"

"2,000만 원이요."

"그럼 한 달 월급이 얼마니?"

"160만 원이요."

"너 한 달간 제안서 몇 페이지 만들었니?"

"4장이요."

"그럼 160만 원을 4로 나눠 봐. 내가 1페이지당 40만 원짜리 만들려고 월급 주고 있니?"

"…죄송합니다."

"기회를 준 것은 네 역량이 어느 정도 되는지, 어느 정도의 노력을 하는지 보려고 기회를 준 거야. 네가 해야 할 일도 미뤄서 회사에 얼마나 많은 기회비용이 발생됐는지 아니? 만회를 어떻게 할 건지 계획 세워서 가져 와."

"네, 죄송합니다."

신입사원에게서 자주 나타나는 현상이지요. 열정은 높지만 역량은 터무니없이 낮은 상태입니다. 리더의 역할은 이 열정을 유지하도록 기회를 주면서, 낮은 역량을 키워주는 겁니다.

OJT(on-the-job training)로 충분하지 않다면 교육의 기회를 주어야 합니다.

제안서를 써보라는 기회는 이 신입사원의 역량 수준을 체크하기 위한 테스트였을 뿐입니다. 지식과 기술과 태도(KSA : Knowledge, Skill, Attitude)를 체크해서 로드맵을 잡아주기 위한 진단작업일 뿐이었죠. 경영학에서는 역량을 지식과 스킬 그리고 태도로 말합니다.

한 번도 배운 적이 없는 것을 잘할 수 있는 사람이 세상에 어디 있을까요. 사람들은 누구나 자신의 역량이 높다고 착각합니다. 이것을 평균이상효과라고 하지요. 자신이 해내지 못할 일도 잘할 것이라고 생각합니다. 물론 그렇기 때문에 불가능한 일을 이루기도 합니다. 그것은 개인적 차원의 책임감이고요. 조직 내에서 일하는 임직원은 한 개인의 역량과 열정만으로 의사결정을 하긴 어렵습니다. 조직 전체의 효율성은 반드시 필요하니까요. 또한, 의욕에 넘쳐서 일을 시작했지만 능력이 부족한 것을 인지했다면, 역량 있는 사람에게 도움을 받거나 적임자에게 넘기는 것도 중요한 조직 내 책임감이랍니다.

아쉬운 것은
단 한 번도 나에게 직접 물어보지 않은 것.

내집단과 외집단(in-group and out-group)[19][20]

'우리' 관계에 있는 내부인과 이와 대조되는 그 관계 밖에 있는 이방인을 가리킬 때 사용된다. 흔히 우리집단, 그들집단이라고도 한다.

한 번은 친하게 지내던 분과 오해가 생긴 듯해서, 장문의 사과 문자를 보낸 적이 있습니다. 꽤 친하게 지냈던 분이라, 문자를 받고 전화를 하실 줄 알았지요. 그 후로 연락이 오지 않아서 실망했고, 몇 주간 속앓이를 하고 있었습니다.

어느 날 그 분과 저 사이에서 말을 왜곡하던 사람과 커피를 마셨습니다. 이 사람 때문에 제 인간관계가 좀 꼬였었는데, 만난 이유도 이 꼬여 있는 매듭을 좀 풀어보기 위함이었지요. 다른 사람의 말을 잘 전하는 게 특징이었는데, 그걸 알게 되었을 때는 이미 많은 부분이 왜곡되어 전달된 후였습니다.

"너 그 오빠한테 문자 보냈었어?"

"네. 제가 잘못한 게 혹시나 있으면 사과해야죠. 오해가 될 수도 있잖아요."

"안 그래도 그 문자가 뭐냐고 나한테 물어보더라."

알고 봤더니, 제가 보낸 문자가 캡쳐가 되어 그 사람의 친구에게 보내졌고, 그 친구는 제 앞에서 커피를 마시고 있는 사람에게 전달된 겁니다. 캡쳐된 문자를 눈앞에서 보고 난 후에 그 간의 마음고생 사라졌습니다. 그리고 이들과 연락을 끊었죠. 아쉬웠던 것은 한 번도 저에게 직접 물어보지 않았다는 겁니다. 친해지는 과정에서 늘 좋은 것만 있는 것은 아니지요. 만날 때마다 항상 좋으려면, 친해지지 않으면 됩니다.

서로 좋은 관계로 오래 만나고자 하는 목표가 일치하면, 최선을 다해서 서로 갈등을 함께 해결하려고 합니다. 사람들은 자신이 속해있거나 가까운 집단을 '내집단(in-group)'으로 규정합니다. 반면에 자신이 속하지 않으면 '외집단(out-group)'으로 규정하고요. 자신이 속한 내집단에 더 호의적인 태도와 행동을 보이는 편향적인 게 인간입니다. 이 사건을 계기로 관계는 끊겼지만, 마음은 홀가분했습니다. 친하게 지냈다고 생각했지만 그 사람의 '내집단'에 제가 속해 있지 않았던 겁니다.

인간관계에서 이런 경우는 많습니다. 그 누구의 잘못도 아니지요. 내가 생각했던 것만큼 상대방도 생각해주길 바랄 수 있지만, 아니라고 해도 잘못된 것은 아니지 않나요. 어쩌면 이런 일들이 모여서 인연이란 것이 만들어지는 것은 아닐까요?

내 생각을 나 빼고 아무도 모를 것 같지만
내 생각은 나 빼고 모두 알고 있다.

행동심리학(psychology of behavior)

심리학을 인간의 내성이나 요소에 의해서 파악해 나가려는 입장에 대해서 오히려 내성보다는 표면에 나타난 행동을 관찰하고 해석함으로써 심리현상을 파악하는 과학주의 심리학.

직원을 채용하면 한 번쯤은 반드시 시키는 일이 있습니다. 사무실 정리이지요. 어떤 친구는 눈에 보이는 곳만 설렁설렁, 어떤 친구는 아주 구석구석 치웁니다. 별것 아니지만 이걸 보면 어떤 마음으로 출근하는지 알 수 있습니다.

한 번은 회의용 테이블에 서류봉투가 놓여있었습니다. 빈 봉투라 치워만 놓으면 되는 것이었죠. 며칠 출장이 끝난 뒤 사무실에 가 보니 봉투가 그대로기에 직원을 불렀습니다.

"이 봉투를 보면서도 내 일이라는 생각해 본 적 없지?"

"네. 죄송합니다."

"우리 사무실에서 작고 사소하고 잡스러운 일들은 본인 업무가 아니라고 생각하지?"

이 친구는 외국에서 석사까지 하고 귀국한 지 몇 개월 되지 않았던 친굽니다. 서른둘에 귀국하고 취업을 원했지만, 나이 많은 신입을 채용하는 곳이 어디 많나요. 우연히 제 회사에 아르바이트를 지원했고, 유일하게 회사로 전화해 이력서 확인을 요청한 사람입니다. 저는 이 적극성을 보고 채용했고요. 서류에는 석사 과정 밟았다는 말이 없더군요. 우여곡절 끝에 아르바이트를 하다 직원으로 채용되었습니다.

이처럼 아주 사소한 것이 우리의 일을 결정할 때가 있습니다. 1980년대 벤자민 리벳(Benjamin Libet)은 우리의 뇌가 '내가 하려는 일을 이미 결정한다'는 것을 뇌과학 실험을 통해 증명했습니다. 실험에서, 리벳은 참가자의 머리에 전극을 설치하고 손목을 움직이고 싶을 때 움직이라고 했습니다. 실험 참가자가 손목을 움직이기 약 0.5초 전에 '준비 전위 (Readiness Potential)'라고 불리는 영역에서 신호가 나타났고, 그후 약 0.25초가 흐른 뒤에야 참가자는 자신의 손목을 움직이겠다고 결정했지요.

인간은 자신의 행동을 의식적으로 결정한다고 생각하지만 이미 그 전에 무의식에서 결정이 내려져 있다. 우리는 이를 자각하지 못한 채 변명합니다.

"그 일이 제 일이라고 생각하지 못했어요."

이제 갓 입사한 신입사원의 열정을 어떻게 평가할까요? 열심히 하겠다는 말은 항상 잘합니다. 하지만 실제로 열심히 하고자 하는지를 알고 싶다면 조금만 지켜보면 됩니다. 아주 사소한 일을 대하는 태도에서 이미 많은 걸 알 수 있지요. 모든 인간은 무의식적으로 결정을 하고 의식적으로 이유를 끼워 맞춥니다. 뇌는 모든 행동의 동기와 감정 상태에 관여합니다. 우리의 뇌는 생각의 역할을 하면서 동시에 동기와 감정의 중추이죠.

사람이 경험하는 모든 상황을 자극이라고 합니다. 자극을 받으면 우리의 뇌에서 호르몬이나 신경 전달 물질이 분비되면서 얼마나 열심히 노력할 것인지, 회피할 것인지, 얼마나 자주 실행할 것인지를 결정하고요. 우리는 생각보다 무의식적으로, 감정적으로 일합니다. 자신 혹은 상대방의 말과 행동이 다르다면, 무엇을 보고 판단할 것인지는 이미 답은 나와 있지요.

관계가 중요한 사람은 좋은 관계를 유지하기 위해서 상대방에게 최선을 다합니다. 일이 중요한 사람은 삶의 거의 모든 것이 일이고요. 상대방을 이용하기 위해서 만나는 사람은 이용가치가 없어지면 연락을 하지 않고, 따뜻한 사람은 어떤 순간이라도 사람을 따뜻하게 품어줍니다.

사람은 자신의 생각과 가치관을 속이기 어렵습니다. 다 행동으로 드러나기 때문이죠.

아무것도 아닌 것은 아무렇지 않게 떠나보내.
상처는 네가 받은 거지,
누군가 너에게 준 것이 아니야.

열등감(劣等感)

아들러의 개인심리학 다른 사람과 비교했을 때 자신이 뒤떨어졌다거나 능력이 없다
고 느끼는 감정

자신의 상처와 트라우마, 열등감을 자신도 모르게 드러내는 경우가 있습니다. 한 소규모 친목 커뮤니티의 리더는 자신도 모르는 사이에 자신의 상처를 만천하에 드러냈습니다. 이 커뮤니티에는 참 많은 규칙이 있었는데, 공공연한 규칙 중 하나가 19금 관련 주제에 대한 금기였죠. 공식적 규칙이라기보다 리더인 여성이 그 주제를 싫어한다는 이유였습니다. 19금 주제와 관련한 대화라고 해 봐야, 상대방이 거부감이 들게 될 정도의 낯뜨거운 대화가 아니었습니다. 낮은 수준의 대화가 아니라 성인들 사이에 충분히 대화를 통해서 토론할 법한 주제들이었지요.

'요즘 섹스리스 부부가 많다고 하는데 어느 언론에서는 한국의 문화라고 말하던데요.'
'어느 나라에서는 속궁합이 맞아야 비로소 진정한 연인이 된

다고 해요.'

'성 소수자 (LGBT)들 중에 양성애자도 많다고 하더라구요.'

수준 높은 이야기 또한 할 수 있는 주제였지요. 그럼에도 불구하고, 이 주제는 금기사항이었습니다. 사람들이 회피하는 주제나 상황이 있다면 매우 의미심장한 의미를 갖습니다. 그 주제는 그 사람의 상처나 트라우마, 열등감과 이어지기 때문이지요. 이 말은, 문제 해결이 덜 되었다는 소리입니다.

이혼 가정에서 자라서 이 점이 트라우마가 되었다면, 절대 이혼하지 않기 위해서 어떤 괴로움이건 참습니다. 폭력을 저지르는 가정에서 자랐다면 폭력적 행동에 대해 과민한 반응을 보입니다. 심리학에서도 성 관련 대화를 하지 못하는 사람은 성과 관련한 트라우마나 열등감이 있다고 봅니다. 팀에 규칙이 많을수록 팀원의 다양성을 인정하지 못하는 마음이 좁은 리더가 있다는 것을 의미하고, 팀에 규칙이 적을수록 팀원의 다양성을 인정하는 마음 넉넉한 리더가 있다는 것은 역설적이게도 열등감과 같은 맥락입니다.

아들러는 열등감을 신체적 열등감, 심리적 열등감, 사회적 열등감으로 구분했습니다. 이 열등감들은 자각할 수 없는 무의식적인 영역입니다. 아들러의 개인심리학에서는 자신의 인생 목표와 현재상태 사이의 간극으로 인한 불쾌감을 열등감이라고 정의하지요.

신체적 열등감: 용모, 체격, 체력, 성기, 성적 기능에 관한 열등감
심리적 열등감: 지적, 성격적 열등감
사회적 열등감: 가족, 가정의 생활수준, 소속집단의 조건을 둘러싼 열등감

제가 운영하는 감정노동이나 감정관리 워크숍에서는 트라우마를 치유하는 심리치료기법이 들어갑니다. 안전한 환경에서 집단상담 기법이 들어가는데, 유독 팀에 참여하지 못하고 거부하는 사람이 아주 가끔 나옵니다.

"생각이 안 나요."

"저는 전혀 문제가 없어요."

"기억나는 사건이 한 개도 없어요."

사건이 없어서가 아닙니다. 마음의 문을 닫은 것이거나, 트라우마가 강한 것일 확률이 높지요. 진짜 긍정적인 사람들이나 스스로 잘 해결하는 사람들은, 기억이 나지 않아도 찾아보고 참여하는 경우가 많습니다.

이것은 프로이트의 심리적 방어기제인 부정(denial)[21] 입니다.

특정한 사건이나 주제, 일, 생각, 느낌을 있는 그대로 받아들이는 것이 고통스러울 때 인정하지 않으려고 하거나 부정하고 회피하는 것이지요. 보통은 자아가 미성숙할 때 부정하지만, 상황이 극도로 치명적일 때는 성숙한 자아까지 부정하는 경우가 있습니다.

우리가 받는 상처들 중 많은 부분은 자기 스스로 그 상처를 다루지 못하는 경우가 많습니다. 사실은 자신에게 불편함을 주는 것이 자신의 가장 약한 부분을 건드리는 거지요. 잊어버리거나, 맞서거나, 인정하고 보듬어서 함께 살아가거나. 우리는 셋 중의 하나를 선택할 수 있습니다.

의리를 지키는 자에게만 의리를 지키면 된다.
인간의 도리를 모르는 자에게도 의리를 지키는 것은
예쁜 옷을 입고 진흙 속으로 들어가서
흙이 옷에 묻지 않기를 바라는 것과 같다.

틱포탯(Tit for tat)[22]

게임 이론에서 반복되는 죄수의 딜레마의 강력한 전략. 이 전략을 사용하는 경기자는 처음에는 협력하고, 그 이후에는 상대의 바로 전 전략에 반응한다. 만약 상대가 이전에 협력을 했다면, 경기자는 협력하고, 만약 배반했다면, 경기자는 배반할 것이다.

"시간 날 때 만나는 게 아니라 시간 내서 만나야지. 안 그래?"

모임에서 유난히 술이나 밥값을 잘 내는 사람이 있습니다. 그 친구가 참석하면 여지없이 그 친구가 삽니다. 대단한 성공을 한 친구는 아니지만, 10명이 모이든 20명이 모이든 항상 자기가 밥값을 냅니다. 문제는 이 친구가 모임에 참석하면 당연히 그 친구가 산다고 인식하는 친구들입니다. 말은 안 하지만 이 친구가 오면 당연히 회비를 내지 않아도 된다고 생각합니다. 친구가 사는 식사를 대접 받을 정도의 관계가 아닌 사람들도 마찬가지고요.

"이천 와요, 누나."

"술 마시러 이천까지 가는 건 좀 그렇지 않니?"

"언니, 이천으로 오세요."

"그럼 밥만 먹고 올게. 난 대리비가 제일 아까워"

"언니 그건 걱정 말고 오세요. 오빠가 주실 거예요."

돈이 많아서 지갑을 여는 게 아니라, 관계를 소중히 하는 사람이지요. 상대방과의 관계를 생각하는 겁니다. 그러나 이 친구를 호구로 생각하는 사람이요? 굉장히 많습니다.

집에 간다는 사람을 붙잡고 밤새 술을 퍼마시는 사람이 있습니다. 오랜만에, 반가워서 그런 것이 아니라 본인이 술을 마시고 싶기 때문에 붙잡는 겁니다. 자기가 계산하면 양반이지요. 심지어는 더치페이를 하자고 하는 사람도 있습니다.

인간관계는 혼자 만들어 나가는 것이 아닙니다. 서로 아끼고 존경하는 관계라면 참 좋겠지요. 그러나 가까운 사람이라는 이유로 내게 돈 쓰는 사람이 호구가 되어 버린다면, 이건 과연 건강하고 좋은 친구 관계일까요?

돈을 빌려 놓고 항상 갚지 않는 친구가 있습니다. 상대방은 의리를 지키지 않는데 혼자서만 의리를 지키는 게 중요할까요? 우리는 자신이 좋은 사람이고자 하는 욕구가 있습니다. 말 그대로 착한 척, 인성 좋은 척, 호인인 척하며 살고 있지요. 그것을 이용하는 무리에게는 말 한 마디 못하면서 애써 자신은 인성 좋은 사람이라고 스스로를 위로합니다.

모든 사람이 나를 좋아해야 할 이유는 없습니다. 우리 또한 모든 이들에게 잘할 필요가 없습니다. 최소한의 예의와 도리, 그리고 사회 질서를 따르면서 불쾌함을 주지 않는 선을 지켜야 하죠. 불쾌함을 유발한 사람에게까지 굳이 좋은 사람으로 남을 필요도, 나쁜 사람으로 남을 필요도 없습니다. 어차피 성향, 가치관의 차이가 있으니 서로 맞지 않는 사람은 늘 존재합니다.

심지어 누군가에게 서슴없이 악담을 퍼붓고 비아냥거리는 사람들, 이런 사람에게 늘 당하면서도 꾹 참는 사람이 있습니다. 비아냥대는 사람들의 특징은, 자신이 하는 공격은 생각하지 않은 채 누군가에게 공격하면 그 사람만을 탓하며 비난한다는 것입니다. 이는 관계에서 힘의 균형이 맞지 않거나, 자신이 힘이 더 세다고 생각하기 때문이지요. 이 얼마나 편협한 사고방식인가요?

사람들은 사이가 틀어질까 공격을 받아도 참습니다. 반박하지 않고 꾹 참으며 넘기면, 겉으로 보기엔 원만한 인간관계를 유지할 수 있을지 모르나 이 역할 구도는 계속 강화됩니다.

게임 이론에서 〈팃-포-탯 전략 (Tit-Pot-Tat)〉이라는 게 있습니다. 상대방이 협력하면 나도 협력하고, 상대방이 배신하면 나도 배신하는. '눈에는 눈 이에는 이'. 그야말로 보복 전략입니다. 상대가 배려해 이익을 주면 나도 상대를 배려하고, 상대가 손해를 주면 따라 손해를 주는 것이지요.

1979년에 컴퓨터 프로그램들이 게임을 하여 승부를 가리는 대회를 열었습니다. 전 세계에서 게임 이론가, 인공 지능(A.I.) 전문가, 경제학자, 심리학자들이 참가했습니다. 이 대회의 승자는 바로 '팃 포 탯(Tit for Tat)' 프로그램이었습니다. 서로 도움을 주려 하는 관계에서는 이익이 되지만, 서로 이용하려는 사람끼리는 서로 손해가 됩니다. 문제는, 도움 주고 배려하는 사람과 이기적인 사람이 만났을 때입니다. 일반적인 상황에서는 친절 전략이 좋은 성적을 대지만, 반복이 되면 이기적인 사람이 성공하는 나쁜 사회가 되지요. 이것이 의리를 지키는 사람한테만 의리를 지켜도 되는 이유입니다.

편의점에서 알바한테 반말해 놓고, 알바가 자신에게 반말하니 되레 화를 냅니다. 자신이 한만큼 상대방에게 돌려받는 것은 당연하지 않은가요? 사람은 자기를 스스로 사랑하는 만큼 타인을 사랑합니다. 자기를 함부로 대하는 사람의 행동까지 받아준다는 것은, 자기 스스로를 함부로 대하는 것과 같습니다. 이것을 건전한 이기주의라고 합니다.

누군가가 필요한 게 아니라
네가 필요한 거였다.
외로워서 찾은 게 아니라
너라서 찾았다.
함께하는 결론이 필요한 게 아니라
함께하는 시간이 필요했다.
내가 누군가와 함께해야 한다면
그게 너였으면 좋겠다고 생각했다.
너도 그랬음 했다.

사랑(愛, Love)

사랑은 태도(attitude)이다.[23] 그 사람(대상)에 대한 신념과 감정 그리고 행동의 조합이
사랑이다. 상대방과 어떤 방식과 기준으로 사랑을 하고 표현을 할 것인지에 대한 태도
이다.

"내가 왜 그 모임에 나가는 줄 알아요? 누나 때문이잖아요."

에둘러서 고백을 합니다. 사귀자는 고백 대신 매번 나를 만나기 위해서 시간을 빼서 나왔다고 말하는 이 남자의 진심을 알기까지 그리 오래 걸리지 않았지요.

'나'를 좋아하기 때문에 고백한 것일까, 아니면 외롭기 때문에 '나'에게 고백한 것일까? 고백을 받을 때면 언제나 궁금했던 부분이었습니다. 외롭기 때문에 고백을 한 것이라면 내가 아니라 그 누구라도 상관이 없는 것 아닐까요. 이 남자가 '나'를 좋아하는 것이라면 데이트하러 시간을 빼서 찾아오고, 마음을 열 때까지 기다렸을 겁니다. 하지만 나에게 고백을 하고 얼마 지나지 않아서 다른 여성과의 데이트 소식이 건너서 들려왔습니다. 이 남자는 그저 외롭기 때문에 고백했을 뿐이었지요. 이 사실을 전해 듣고 한편으로는 서운하면서도 또 한편으로는 다행이라는 생각이 들었습니다. 어차피 '내가' 아니어도 되는 사람이라면, 굳이 내가 만날 사람은 아니라고 생각했으니까요.

자신의 외로움을 달래줄 누군가를 찾는 사람들은 상대방을 '사랑'하는 것이 아닙니다. 그저 자신의 외로움을 달래줄 누군가가 있다면 '사랑'에 빠지는 것뿐입니다. 그리고 외로움을 채우고 나면 갑을 관계로 금방 바뀌고 말지요. 상대를 위한 연애가 아니라 자신을 위한 연애이기 때문에 이기적인 모습을 보이는 것입니다. 이렇게 외로움을 달래기 위해서 누구라도 상관 없이 고백을 하는 사람들이 너무나 많다는 것을 느낄 때가 종종 있습니다. 자신을 위해 사랑하는 사람들은 자신이 외로워지면 상대를 비난하지만, 상대를 사랑하는 사람은 오로지 상대에게 집중합니다.

그 사람에게 필요한 것은 무엇인지, 어떻게 해야 그 사람이 나로 인해 행복해질지, 상대방을 편하게 해 주기 위해 내가 어떻게 해야 하는지. 오로지 상대방을 위해서만 집중합니다.

어느 날부터인가 사랑이 참 어렵다는 생각을 하게 됐습니다. 사랑을 처음 시작하는 단계에서부터, 유지하고 사랑의 결실을 맺기까지 그 모든 순간이 중요하다는 생각을 했지요. 온전히 서로를 위해서 얼마나 집중하는지가 사랑에서 가장 중요한 부분입니다. 사랑은 감정이라기보다는 상대방을 대하는 태도를 정하는 마음가짐에 가깝기 때문입니다.[24] 저는, 한 사람이 마음에 들어오면 시간을 두고 관찰하는 습관이 생겼습니다. 그 사람을 좋아한다고 섣불리 고백하지도 않고, 상대방이 고백을 해 온다고 해서 섣불리 마음을 열지도 않았지요. 시간을 두고 천천히 나에게 물어보는 시간을 갖기 시작했습니다. 그 사람을 사랑해도 될지에 대해서요.

누군가가 나에게 필요하기 때문에 그 사람을 찾은 것은 아닐지. 내가 외로워서 그 사람에게 마음을 열었던 것은 아닐지. 결혼할 시기가 되어서 결혼할 사람을 찾는 것은 아닐지. 그리고 상대방도 같은 마음이면 좋겠다는 생각으로 신중하게 되돌아보는 시간을 갖습니다. 내가 외로워서 사랑하고 싶은 것인가. 그 사람이기 때문에 사랑하는 것인가.

그렇게 그 사람과 사랑을 시작했습니다.

누군가가 필요한 게 아니라 그 사람이 필요했고, 외로워서 찾은 게 아니라 그 사람이어서 찾았습니다. 함께라는 결론만이 필요한 게 아닌, 함께하는 시간이 필요했고 내가 누군가와 함께여야 한다면 그 사람이어야 한다고 생각했으니까요. 그리고 그 사람도 그러길 바랐습니다.

나는 네 편, 넌 내 편.
그럼 아무리 추워도 따뜻할 거야.

격려(激勵)

언제나 북돋아 주는 사람이 내 곁에 있다는 것은 생각보다 더 큰 행운이다.

한 여성이 친구가 된 과거의 연인을 소개하면서 말했습니다.

"추운 겨울 꽁꽁 얼어 있는 내 손을 너무나 따뜻한 손으로 잡아주는 느낌이었어."

이혼하고 홀로서기를 할 무렵 만난 남자였습니다. 자신이 무엇을 하던 항상 자기 편이었던 남자와 재혼을 생각하기도 했었습니다. 하지만 남자와 남자의 가족은 독일로 이민을 갔고, 여자는 한국에서 포기할 것이 많았기 때문에 결혼을 포기했지요. 지금도 그 남자를 생각하면 추운 겨울날 따뜻한 난로 옆에서 몸을 녹이는 것 같은 기분을 만들어주던 사람이라고 말합니다.

우리가 평생 살면서 이렇게 따뜻하게 우리의 편에 서 있어 줄 수 있는 사람을 만날 수 있을까요? 단 한 명이라도 무조건적인 내 편을 만들 수 있다면 그게 바로 성공한 인생이 아닐까 하는 생각이 들었습니다.

자수성가한 동생이 자신의 어린 시절의 이야기를 해주었습니다. 열여덟에 부모님의 이혼으로 동생과 둘이 살기 시작하면서 자신이 돈을 벌 수 밖에 없었답니다. 공사장을 다니면서 일을 배우고 동생의 학비를 대면서 지금까지 한 번도 한눈을 팔아본 적이 없었다고 했지요. 이 동생은 설계 회사와 시공사를 하고 있고, 공사장에서 근무하는 직원들이 맛있는 식사라도 하게 하려고 햄버그집을 운영하고 있습니다. 하는 일이 많아서 하루에 4시간 이상을 잠을 못자면서 일하고 있지요.

"누나, 저는 지금 너무 좋아요. 제가 조금만 더 열심히 일하면 가족이 편하게 살 수 있잖아요."

세상에 단 한 사람이라도 내 편이 있다는 것은, 한 사람을 다시 태어나게 하는것과 같습니다. 아무리 어린 시절이 불우하다고 할지라도, 사회에 대한 불만이 많을지라도, 사람에 대한 실망감에 다시는 사람을 믿지 못할 것 같을지라도 무조건적인 내 편 한 명만 있어도 그 상실감과 박탈감을 극복할 수 있다는 것입니다.[25] 도널드 위니콧(Winnicott)은 대상관계이론에서 결혼은 제 2의 탄생이라고 언급한 바 있습니다.

"저는 이 친구 없었으면 벌써 이 세상 사람이 아니었을 거예요."

"저도 이 친구가 없었으면 버틸 수 없었을 거예요."

곧 제대하게 될 병장 계급의 군인 두 명이 나란히 앉아서 친구에 대해서 소개했습니다. 한 명은 부모님의 이혼으로 초등학교 때부터 아르바이트로 생계를 이어가야만 했습니다. 너무 팍팍한 현실에 자살시도도 할 정도로 삶이 힘들었지요. 입대하고도 힘든 일이 참 많았다고 합니다. 바로 옆에 앉아 있는 동료가 없었다면 버티기 힘들었을 것이라고요.

오리가 고상하게 물 위에서 움직이기 위해서는 물 아래에서 발길질을 세차게 해야 하는 것처럼 우리의 삶도 마찬가지입니다. 어떤 날은 세찬 비바람을 맞아야 할 때도 있고, 너무나 춥디추운 칼바람을 맞아야 합니다. 인생이 너무나 춥더라도 따뜻한 손이 내 손을 잡아 준다면 버틸 수 있는 용기가 어느새 샘솟게 됩니다. 대단한 위로나 격려가 아니어도, 온몸이 따뜻해지는 기분이 아닐까요?

좋으면 좋다
싫으면 싫다
말하는 게 어려워?

이면대화(裏面對話)[26]

표면상으로 말한 언어표현 이외의 숨겨진 뜻이 있는 대화. 대화 속에 숨어있는 상반된 의미를 동시에 표현하는 것으로, 표면적(사회적)으로 표현되는 메시지 이면에 욕구나 의도 혹은 진의가 숨겨져 있는 대화이다.

연애 조언에서 가장 많이 하는 말이 있습니다.

"여자가 절대 먼저 고백하면 안 돼."

"남자가 고백하기 전까지는 여자한테 관심 있는 거 아니야."

"여자가 먼저 좋아하면 안 돼."

그럼 의문이 드는 겁니다. 고백에 무슨 법이라도 정해져 있었나요? 여자 먼저 고백하면 진다, 아주 구시대적 마인드입니다. 여자와 남자가 만나는데 누가 먼저일 것이 뭐가 있겠습니까. 좋으면 좋다, 싫으면 싫다고 간단하게 말하면 되는 것인데 말이에요. 그런데도 여자가 먼저 말하면 지는 거라고 주입식 교육을 합니다. 정직하게 표현하면, 남자들이 떨어져 나가거나 쉽게 생각한다 겁을 주면서 말이지요. 이건 그냥 연애를 말로 배운 거나 진배없습니다. 연애도 결국 인간관계의 연장선인 것을요. 정직하게 표현했는데 나에 대한 남자의 호감이 떨어진다면 그것은 인연이 아닌 것이고, 쉽게 생각한다면 인성이 되지 않은 것입니다. 연인이든, 부부든 모든 소통의 기반은 정직함입니다. 자기 자신의 생각과 마음을 직면하여 자신을 이해하고 표현하는 게 기본이지요.

"남자친구랑 대화가 안 돼요. 말을 하려고 하면 피해요"

"남자친구는 꾹 참다가 갑자기 폭발해요. 평상시 얘기하면 그럴 일 없잖아요."

이렇듯 대화가 안 되는 이유는, 자기가 진짜 무엇을 원하는지 모르기 때문입니다.

"뭐 먹고 싶어?"

"아무거나."

정말 미치는 질문이지요. 실제 의미는 대충 이렇습니다. '최근에 먹은 거 제외하고, 내가 좋아하는 것 중에 아무거나 골라라. 근데 그게 마음에 들지 않으면 안 될 것이다.'

"여보 오늘 친구들이랑 약속 있는데 늦게 들어가도 돼?"

"알았어. 재미있게 놀다 와."

그래서 진짜 재미있게 놀다가 들어갔는데 아내가 토라져 있습니다.

한 아이가 순하게 하라는 대로 말을 너무 잘 들어서 말했습니다.

"어쩜 이렇게 착하게도 말을 잘 듣니~?"

"울 엄마가 좋은 말만 해줘서 그래요."

"좋은 말? 어떤 말?"

"좋은 말로 할 때 밥 먹어. 좋은 말로 할 때 신발 신어!"

물론 연인 간 대화하는 법, 부부 간 대화하는 법에 대한 교과서가 있는 것은 아닙니다. 자녀를 가르칠 때 말하는 법, 부하 직원에게 지시하는 법 또한 배운 적 없지요. 갈등이 있을 때 상대방과 내 기분이 최대한 상하지 않을 만한 방법 또한 배운 적 없습니다.

얼마 전, 개그우먼 이영자 씨의 화법에 관해 약간의 논란이 있었습니다. 매니저가 답답했던 이영자 씨가 돌려 말하는 장면이 전파를 타면서 그랬지요.

"이렇게 10km로 가니까 주변이 다 보이고 좋네. 운전 참 편안하게 잘 하시네."

(너무 느리게 가니까 조금 속도를 내야 하지 않겠어요?)

"운전이 내 맥박수하고 맞네. 오늘 안에 가겠어요? 스텝들이 내일까지 기다려줄지 모르겠네."

(스케줄 생각해서 빨리 가야지.)

이면대화의 최고봉이라고 할 수 있습니다. 자신이 하고 싶은 말을 직접 표현하지 않고 돌려서 말하거나, 자신의 생각과 반대로 말하는 것이지요. 직장 상사들도 이러한 것들에 있어서 고민이 많습니다. 후배들에게 어떻게 말해야 할지, 뭐 그런 것들요. 직접적으로 말하면 상처 받고, 간접적으로 말하면 못 알아듣는다고 혼란스러워 합니다. 그럼 어떻게 해야 좋을까요? 이면대화에 익숙한 사람들은, 직접적 발화를 좋아하지 않습니다. 상처 주는 말까지 직설적으로 표현하기 싫어서 그렇지요.

부하 직원이 일하기 불편할 정도로 짧은 치마를 입어 걱정되기도 하고 신경이 쓰였던 여성 상사가 말했습니다. 정말 큰 마음을 먹고요.

"은영 씨는 짧은 치마가 참 잘 어울린다. 다리가 예뻐서 그런가? 근데, 일할 때는 좀 불편하지 않아?"

그러자 신이 난 후배가 말합니다.

"센터장님, 이 치마 정말 예쁘죠? 싸게 잘 사서 더 좋아요. 타임 세일 하는 거 제가 샀잖아요. 무료 배송에 만 원도 안 해요. 진짜 잘 샀죠?"

짧은 치마를 자제하자는 말이었는데, 실제 대화는 가성비 좋은 물건에 대한 칭찬입니다. 서로 다른 말을 하는 것 같습니다. 우리는 이렇듯 이면대화를 자주 하지요. 직접적으로 말하자니 상대방도 나도 불편하고, 돌려 말하자니 또 알아듣지 못하는 경우가 생깁니다. 지금껏 배운 기술이라고는 제 생각을 숨기고 상대방 눈치를 봐 가면서 해야 하는 이면대화가 전부였으니, 더 어렵지요. 한국 사회는 자신이 하고 싶은 말을 다 하고선 살 수 없다는 생각이 기저에 깔려 있습니다. 정직하게 말하면 눈치 없다는 낙인이 찍히지요. 하기 싫어도 좋다고 표현해야 하고, 좋아도 좋다고 솔직하게 말하면 안 됩니다. 그럼 결정은 누가 할까요?

주도권을 갖고 있는 사람입니다. 회사에서는 상사, 연애할 때의 주도권은 덜 좋아하는 사람, 부부 간에는 경제권을 갖고 있는 사람, 부모 자식 간에는 부모. 없는 사람은 그저 입 다물고 따르면 되는 겁니다. 이 얼마나 불공평한 처사인가요? 이게 바로 학습된 무기력입니다.

타인과의 소통을 위해서는 단계가 있습니다. 그 1단계는, 자신과의 대화입니다. 그 어떤 단계보다 중요하지요. 자신의 생각과, 숨겨진 욕구를 제대로 파악하는 단계입니다. 이것에 실패하면 그다음 또한 불가능하다고 보면 됩니다.

2단계는 타인과의 관계 인식입니다. 상대방이 어떤 성향인지를 파악하고, 어디까지 표현했을 때 상대방이 불편하지 않을지를 파악하는 단계지요. 사람마다 관계의 거리가 있기 때문에, 그 거리를 파악하지 못하면 소통 전에 실패합니다. 그리고 3단계가 드디어, 타인과의 소통입니다. 자신의 생각과 의도가 왜곡되지 않게 전달하고 상대방이 받아들일 수 있는 수준에서 말하는 단계이지요. 가령, 상대방과 내가 만났을 때, 내 의도, 관계, 표현 방식에 따라 의미가 달라지는 것을 인지한 채로 고려해 말해야 합니다.

생각하고 말하라는 말이 다른 게 아닙니다. 바로 이것이지요. 카페가 시끄러운데 내가 비즈니스 미팅을 하고 있다면,

"조금 시끄럽네요. 대화가 잘 들리지 않아서 불편하지 않으신가요? 조용한 곳으로 옮기는 게 좋으신가요, 여기도 괜찮으신가요?"라고 말하고,

연인 사이라면

"여기 시끄러운데 조용한 곳으로 갈까? 저번에 다른 곳 가 보고 싶다고 했잖아."

이렇게 말하는 게 좋겠지요. 소통의 기본은 정직입니다. 자신에게 정직하고, 상대에게 정직한 것. 그것이 바로 소통이지요.

주

× × ×

1   Mesmer, Franz Anton. (1965). The Nature of Hypnosis, ed. Ronald E. Shor and Martin T. Orne. New York: Holt, Rinehart and Winston.

2   안광호 · 하영원 외(2012) 「마케팅원론」 학현사.

3   Yukl, G. (2009). 현대조직의 리더십 이론 (강정애, 이상욱, 이상호, 이호선, 차동옥 옮김). 서울: 시그마프레스 (원전은 2006년에 출판).

4   Basch, M. F. (1983). Empathic understanding. JAPA, 31, 101-126.

5   Buie, D. H. (1981). Empathy. JAPA, 29, 281-308.

6   Kohut, H. (1959). Introspection, empathy, and psychoanalysis. JAPA, 7, 459-583.

7   Wilhelm Busch: Max und Moritz, eine Bubengeschichte in 7 Streichen. 1. Auflage. Braun und Schneider, München, 1865.

8   Judee K. Burgoon, David B. Buller, Amy S. Ebesu, Cindy H. White, & Patricia A. Rockwell(1996) Testing Interpersonal Deception Theory: Effects of Suspicion on Communication Behaviors and Perceptions. Communication Theory, 6, 243~267.

9   Judee K. Burgoon, David B. Buller, Laura K. Guerrero, Walid Afifi, & Clyde Feldman(1996) Interpersonal Deception: XII. Information Management Dimensions Underlying Deceptive and Truthful Messages. Communication Monographs, 63, 50~69.

10   Allport, G. Pattern and Growth in Personality. New York: Holt, Rinehart & Winston, 1961.

11   Frame of mind: The theory of multiple intelligences., Gardenr, H., Basic, Books, 1983.

12   Where to draw the line: The perils of new paradigms., Gardner, H., Paper presented at the annual meeting of the American Educational Research Association., 1998

13   Intelligence reframed: Multiple intelligences for the 21st century., Gardner, H., Basic Books., 1999.

14   Klee, Ernst (2005). Das Personenlexikon zum Dritten Reich. Wer war was vor und nach 1945 (Second updated ed.). Frankfurt am Main: Fischer Taschenbuch Verlag. pp. 95-96.

15   Cherry, E. C., & Taylor, W. K. (1954). Some further experiments upon the recognition of speech, with one and with two ears. The Journal of The Acoustical Society of America, 26(4), 554-559.

16   Regan, Dennis T. (1971). Effects of a favor and liking on compliance. Journal of Experimental Social Psychology. 7 (6), 627-639.

17   William Glasser,M.D.(1998) Choice Theory Psychology, Reality Therapy, Lead Management, & Quality Schools

18   Freud, S. (1917). Mourning and melancholia. SE, 14, 243-258.

19   Aronson, E., Wilson, T. D., & Akert, R. (2010). Social psychology. 7th ed. Upper Saddle River: Prentice Hall.

20   aylor, Donald M.; Doria, Janet R. (1981). "Self-serving and group-serving bias in attribution". Journal of Social Psychology. 113 (2), 201-211.

21   Psychology of Denial. 1판. (2011). Ogden, Sofia, K.; Biebers, Ashley D.,

22   Shaun Hargreaves Heap, Yanis Varoufakis (2004). 《Game theory: a critical text》. Routledge. 191.

23   Rubin,, Z. (1970), Measurement of romantic love. Journal of Personality and Social Psychology, 16,, 265-273.

24   Rubin,, Z. (1970), Measurement of romantic love. Journal of Personality and Social Psychology, 16, 265-273.

25   Winnicott, D., (1956) 'The Anti=social Tendency', Collected Papers : Through Paediatrics to Psycho_analysis.
      Winnicott, D., (1963). 'Psychotherapy of Character Disorders', The Maturational Processes and the Facilitating Environment.

26   Dusay, J. Eric Berne's studies of intuition (1949-1962), Transacional Analysis Bulletin, (1966), 152-153.

내 마음 왜 이래?
지루한 관계와 답답한 일상에 찌든 현대인을 위한

매일 10분 마음수업

초판 발행 2019년 4월 30일

지은이 차희연
펴낸이 추미경

편집 주열매 / **마케팅** 신용천·송문주 / **디자인** 싱아

펴낸곳 베프북스 / **주소** 경기도 고양시 덕양구 화중로 130번길 48, 6층 603-2호
전화 031-968-9556 / **팩스** 031-968-9557
출판등록 제2014-000296호

ISBN 979-11-86834-93-0 13320

전자우편 befbooks75@naver.com
블로그 http://blog.naver.com/befbooks75
페이스북 https://www.facebook.com/bestfriendbooks75

이 도서의 국립중앙도서관 출판예정도서목록(CIP)은 서지정보유통지원시스템 홈페이지(http://seoji.nl.go.kr)와 국가자료공동목록시스템(http://www.nl.go.kr/kolisnet)에서 이용하실 수 있습니다.(CIP제어번호: CIP2019014154)